PHYSIQUE
POUR LES
CRACKS

MICHEL FAYE

Professeur au Lycée Louis le Grand

Avec la participation d'ISABELLE BOUCHOULE

ancienne élève de l'E.N.S. de Paris

INTRODUCTION

Cet ouvrage propose un éventail d'exercices considérés comme difficiles. Loin d'être de simples applications de cours, ils nécessitent une réflexion sur les questions de physique abordées en Terminale S.

Dans la mesure où les programmes sont allégés d'année en année, voire en cours d'année, l'écart se creuse entre ce qu'il suffit de savoir pour obtenir le baccalauréat et ce qu'il faut maîtriser pour réussir en classe préparatoire ou dans certaines filières universitaires exigeantes.

Par ce choix d'exercices touchant à tous les domaines de la physique étudiés en Terminale S, un double objectif est visé :
– d'une part, aider les professeurs — qui continuent à être exigeants, dans l'intérêt même des élèves ;
– d'autre part, offrir aux élèves curieux et qui aiment la physique le plaisir de s'entraîner à partir d'exercices qui requièrent réflexion, finesse et ingéniosité.

Il ne s'agit pas d'anticiper sur les programmes ultérieurs, mais d'approfondir celui de Terminale S. Ces exercices permettent, en outre, d'acquérir une sûreté de calcul qui fait bien souvent défaut à de nombreux élèves, même en classe préparatoire.

Tous les exercices sont indépendants les uns des autres et sont proposés dans l'ordre du programme de Terminale S. Les plus difficiles d'entre eux sont signalés par une numérotation en gris foncé. Tous sont accompagnés de corrigés très détaillés permettant à l'élève de progresser et de devenir, s'il ne l'est pas encore, un très bon élève qui pourra envisager avec confiance la suite de ses études.

© Bordas/HER, Paris, 1999 - ISBN 2-04-730000-2

PREMIÈRE PARTIE

CHAMPS
ET INTERACTIONS
DANS L'UNIVERS

1. ARISTARQUE DE SAMOS ET LE RAYON DE LA LUNE

Aristarque de Samos (–310, –230) était un astronome et philosophe grec. Il fut l'un des premiers à concevoir l'idée de la rotation de la Terre sur elle-même et autour du Soleil. Il inventa une méthode pour déterminer la mesure du rayon de la Lune et la distance Terre-Lune en utilisant les éclipses totales de la Lune.

1

Aristarque de Samos avait constaté :
– que le diamètre apparent de la Lune, c'est à dire l'angle sous lequel la Lune est vue de la Terre est environ d'un demi-degré ;
– que la Lune se déplaçait de son diamètre en à peu près 1 heure.
Comment peut-on vérifier facilement et rapidement ces deux résultats, sachant que la Lune peut être occultée par une pièce de 10 F (diamètre $d = 23$ mm) située à une distance $D = 2,60$ m de l'œil et que la période de la Lune autour de la Terre est d'environ 29 jours et demi ?

2

Aristarque savait que les éclipses totales de la Lune duraient au maximum 2 heures.

a) Expliquer ce qu'est une éclipse totale de Lune : faire un schéma.

b) En déduire le rayon R_L de la Lune en fonction du rayon R_T de la Terre, en partant de l'hypothèse que le Soleil est à l'infini.

c) Connaissant R_L, en déduire d_{TL} la distance Terre-Lune en fonction de R_L, puis de R_T.

d) À la même époque Eratosthène réalise la 1re mesure du rayon R_T de la Terre.
Il obtient $R_T \approx 6\ 400$ km.
En déduire les valeurs numériques de R_L et de d_{TL}.

e) En réalité le Soleil n'est pas à l'infini.
Les valeurs réelles du rayon de la Lune et de la distance Terre-Lune sont-elles plus grandes ou plus petites que celles trouvées par Aristarque ?

■ Corrigés p. 85

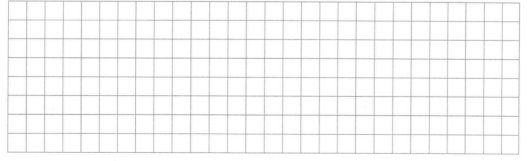

2. RÉGATES EN MER

Lors de régates ou de courses en mer, calculer la distance minimale entre deux navires, déterminer le cap en tenant compte du vent, font partie des opérations les plus courantes réalisées par un skipper.

À la date $t = 0$, les 2 navires d'Albert et Barnabé (on les appellera par la suite A et B) sont situés sur le même méridien, A étant à la distance $D = 16$ km au nord de B.
(On assimilera les navires à des corps ponctuels).
A se dirige vers l'Est à la vitesse $V_A = 18$ km/h ;
B se dirige vers le Nord à la vitesse $V_B = 36$ km/h.

1) Pourquoi la surface de la mer peut, en première approximation, être assimilée, dans ce cas, à un plan horizontal ?

2) Faire un schéma représentant à l'instant initial les positions des navires et leurs vecteurs vitesses $\overrightarrow{V_A}$ et $\overrightarrow{V_B}$.

Échelles : 1 cm → 2 km   1 cm → 9 km/h.

3) a) À quel instant t_1 la distance Δ entre les 2 navires sera-t-elle minimale ?

b) En déduire la valeur de la distance minimale, notée Δ_{mini}, entre les 2 navires.

4) Barnabé (B) veut rejoindre Albert (A).

Au lieu d'aller vers le Nord il change de cap : sa direction fait alors un angle θ avec le méridien et sa vitesse devient, en module ;

$$V_B' = V_B \cos\theta \quad (\text{avec } \theta \leqslant 60°)$$

a) Quel cap doit prendre Barnabé ? (pour cela on indiquera la valeur de θ).

b) À quel instant t_l Barnabé rejoint-il Albert ?

c) Quelle est la position du point de rencontre H ?

Donnée : Rayon de la Terre : $R_T = 6\ 370$ km.

■ Corrigés p. 87

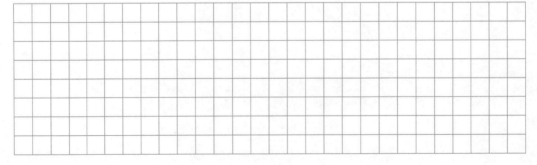

3. GRAVIMÈTRE À RESSORT

Cet appareil permet de déterminer, de façon statique, la valeur du champ de pesanteur en un lieu donné. Sa précision dépend de la qualité du ressort utilisé.

Dans un gravimètre à ressort, un levier OA de masse négligeable devant la masse m placée en son extrémité A peut tourner autour de son extrémité O dans un plan vertical.

Le levier est maintenu très proche de l'horizontale par un ressort (R) élastique de raideur k et de longueur à vide l_0, dont une extrémité est fixée en A et l'autre en B, B étant un point d'attache situé verticalement au-dessus de O.

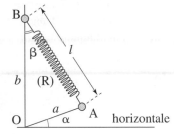

À l'équilibre la longueur de ce ressort est l.
On appellera β l'angle entre BO et BA et α l'angle entre l'horizontale et le levier OA.
On pose OA $= a$ et OB $= b$.

1) En établissant la condition d'équilibre du levier OA, donner une relation liant α, β, l_0, l, a, b, m, g et k.

2) **a)** Déterminer le rapport $\dfrac{l}{l_0}$ en fonction de m, g, b et k en utilisant le fait que α est très petit.

   b) Quelle condition doit être réalisée pour que l'équilibre du levier OA soit possible ?

3) Exprimer l'angle α en fonction de a, b et l l'angle α étant très petit.

4) On a $\alpha = 0$. En déduire la valeur du champ de pesanteur terrestre g mesuré.

   Données : $k = 61{,}7$ N/m $m = 20{,}0$ g $l_0 = 1{,}00$ m $a = 450$ mm $b = 897$ mm.

   Rappel mathématique :

   Théorème de Pythagore généralisé

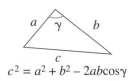

$$c^2 = a^2 + b^2 - 2ab\cos\gamma$$

■ Corrigés p. 90

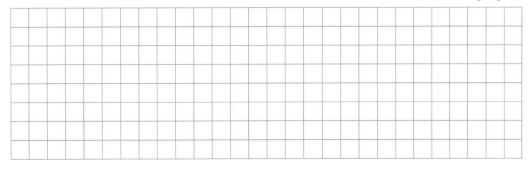

4. CLEPSYDRE

La clepsydre est une horloge à eau mise au point par Amenemhat, égyptien contemporain de Aménophis Ier, vers − 1500 avant Jésus-Christ. À la différence du gnomon utilisable seulement le jour, la clepsydre permet de mesurer les durées diurnes et nocturnes. Elle a été utilisée sous différentes formes jusqu'au XVIIIe siècle.

Une clepsydre est un récipient contenant de l'eau, tel que lors de la vidange par un orifice situé en bas du récipient, la diminution du niveau de l'eau Δz soit proportionnelle à la durée Δt de la vidange.

On considère une clepsydre dont le récipient a une symétrie de révolution autour d'un axe vertical Oz.

L'origine O est à la base du récipient, là où se trouve l'orifice de vidange de section $s = 0{,}200 \text{ cm}^2$.

Le rayon r de cette clepsydre à la côte z est donné par la relation :

$$r = bz^n. \quad (1)$$

On veut une clepsydre dont le niveau baisse de 1 cm par minute.
On rappelle que l'eau est un liquide incompressible.

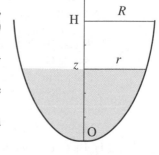

1) Quelles doivent être les valeurs des coefficients b et n de la relation (1) pour cette clepsydre.

On admettra que la vitesse de l'eau à la sortie de l'orifice O est égale à sa vitesse correspondant à une chute libre sans vitesse initiale de hauteur z, z étant la hauteur de l'eau dans la clepsydre.

On donnera la relation $r = f(z)$ dans les deux cas suivants :
r et z exprimés en m, r et z exprimés en cm.

2) Si on veut que cette clepsydre fonctionne pendant une heure une fois le récipient rempli, en déduire sa hauteur H et son rayon supérieur R.

3) Quel volume d'eau contient la clepsydre quand son réservoir est plein.

Donnée : $g = 9{,}80 \text{ m/s}^2$.

■ Corrigés p. 92

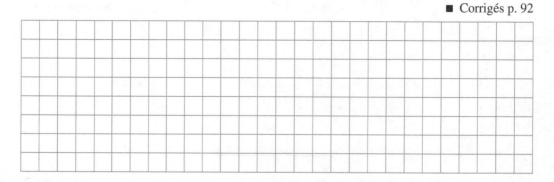

5. MESURE DE *g* AVEC UN ROBINET

Chacun peut constater que lorsque l'eau s'écoule régulièrement d'un robinet, le filet d'eau qui coule est plus étroit en bas qu'en haut : il se rétrécit au fur et à mesure qu'il s'allonge. En partant de cette observation et connaissant le débit de ce robinet, on peut en déduire la valeur de l'accélération de la pesanteur *g* en ce lieu.

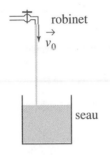

Figure 1

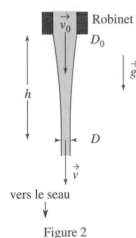

vers le seau

Figure 2

On remplit un seau à l'aide d'un filet d'eau sortant d'un robinet à ouverture circulaire.

Au sortir du robinet l'eau a une vitesse $\vec{v_0}$ verticale dirigée vers le bas (*cf.* figure 1).

Les frottements seront considérés comme négligeables.

1) On constate que le diamètre du filet d'eau diminue au fur et à mesure que l'eau s'éloigne du robinet. Pourquoi ?

2) Le diamètre du filet d'eau à la sortie du robinet est $D_0 = 12,0$ mm.

À une distance $h = 40,0$ cm plus bas, le diamètre du filet d'eau n'est plus que $D = 5,0$ mm.

a) Exprimer v, vitesse de l'eau à une distance h en dessous du robinet, en fonction de v_0, h et g (g : accélération de la pesanteur).

b) Exprimer v en fonction de v_0, D et D_0.

c) Exprimer v_0 en fonction de D, D_0, h et g.

d) On constate que l'on recueille dans le seau un volume $V = 10,0$ L d'eau en une durée $\theta = 3$ min 0 s.
En déduire la valeur de g.

■ Corrigés p. 94

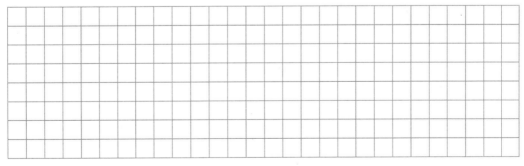

6. CHAMP DE PESANTEUR, EXPÉRIENCE DE VON JOLLY

Philip von Jolly, physicien allemand (1809-1884), est principalement connu pour son expérience concernant les variations du champ de pesanteur avec l'altitude. Cette expérience fait l'objet de la première partie de cet exercice qui propose ensuite d'étudier un modèle de Terre à masse volumique variable et de rechercher la profondeur à laquelle l'accélération de la pesanteur est maximale.

Dans tout cet exercice on assimilera le champ de pesanteur au champ de gravitation.

---

1   Expérience de von Jolly

La variation du modèle du champ de pesanteur g avec la profondeur h a été mise en évidence par von Jolly au XIXe siècle.

Quatre ballons identiques sont suspendus sous les plateaux d'une balance comme indiqué sur le schéma ci-après :

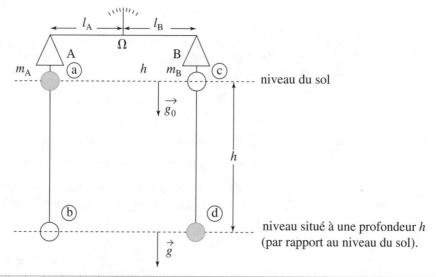

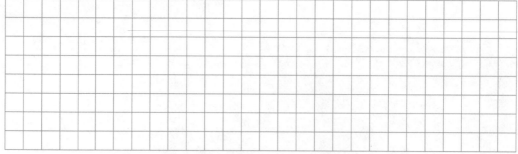

Les quatre ballons ont tous la même masse m'.

Les deux plateaux A et B ont comme masses respectives m_A et m_B, les deux bras de la balance ont même longueur $l_A = l_B = l$.

On établit un premier équilibre de la balance quand les deux ballons ⓐ et ⓓ sont pleins de mercure : ils contiennent chacun une masse M de mercure.

Puis on permute les ballons ⓐ et ⓑ d'une part et les ballons ⓒ et ⓓ d'autre part. Pour rétablir l'équilibre de la balance il faut ajouter une masse m sur le plateau B.

Le module du champ de pesanteur est g_0 au niveau du sol, il vaut g au niveau situé à une profondeur h.

1) g est-il plus grand, plus petit ou égal à g_0 ? Justifier votre réponse.

2) Exprimer le rapport $\dfrac{\Delta g}{g_0} = \dfrac{g - g_0}{g_0}$ en fonction du rapport $\dfrac{m}{M}$. Faire l'application numérique avec $g_0 = 9,8$ N/kg, $M = 20$ kg $m = 20$ cg (si $h = 50$ m).

---

2   Modèle d'une Terre à masse volumique variable

La Terre est supposée sphérique de rayon R avec une répartition de masse à symétrie sphérique.

La masse volumique d'une couche sphérique de rayon r est $\rho = \rho_0\left(1 - \alpha\dfrac{r^2}{R^2}\right)$.

1) Vérifier que la masse $M(r)$ de Terre contenue dans une sphère de centre O et de rayon $r \leqslant R$ est donnée par la relation :

$$M(r) = \frac{4\pi\rho_0 r^3}{3}\left(1 - \frac{3\alpha r^2}{5R^2}\right).$$

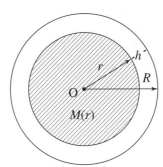

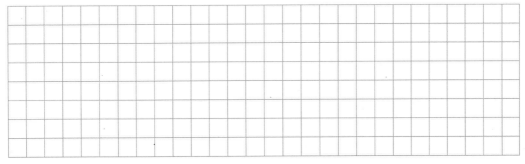

2) Sachant que le module du champ de pesanteur en un point situé à la distance r du centre de la Terre est donné par la relation :

$$g(r) = \frac{KM(r)}{r^2}$$

avec $K = 6{,}67 \cdot 10^{-11}$ u. S.I.

a) Déterminer $g(r)$ en fonction de r.

b) En déduire $g(R)$ en fonction de R.

c) Quelle relation a-t-on entre $g(R)$ et g_0 ?

d) Des résultats précédents déterminer le rapport $\dfrac{g(r)}{g_0}$ en fonction de $x = \dfrac{r}{R}$.

e) Soit un puits de mine vertical. On considère un point A de ce puits situé à une profondeur h.
Quelle relation a-t-on entre r, h et R ?
En déduire $y = \dfrac{h}{R}$ en fonction de $x = \dfrac{r}{R}$.

f) Montrer que l'on peut écrire :

$$\frac{g(r)}{g_0} = 1 + By$$

avec B coefficient ne dépendant que de α en prenant h très petit par rapport à R.

g) En comparant les résultats trouvés au **2. 2) f)** et au **1. 2)** déterminer α en fonction de m, M, h et R.
Faire l'application numérique avec les données du **1. 2)**. On prendra $R = 6\,370$ km.

3) a) Calculer la masse volumique moyenne ρ_m de la Terre.
Faire l'application numérique sachant que la masse de la Terre : M_T vaut $5{,}98 \cdot 10^{24}$ kg.

b) Exprimer ρ_0 en fonction de ρ_m et α.
En déduire la valeur de ρ_0.

---

3   Recherche de la valeur maximale du champ de pesanteur dans ce modèle

1) À quelle profondeur h_1, le champ de pesanteur g est-il maximal ?

2) En déduire la valeur maximale de g : g_{max} obtenue à cette profondeur.

■ Corrigés p. 96

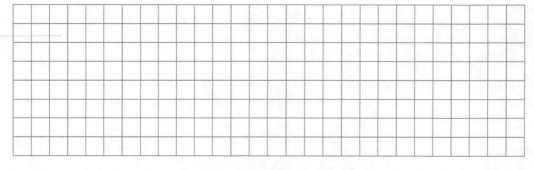

7. GUILLAUME TELL

Héros légendaire de l'indépendance suisse (XIIIe siècle), Guillaume Tell, mis à l'épreuve par le bailli Gessler, transperça d'une flèche une pomme placée sur la tête de son fils. Malgré son exploit, il fut arrêté puis embarqué sur le lac des Quatre-Cantons avec le bailli ; à la faveur d'une tempête, il lui échappa puis le tua.

1

Guillaume Tell, ayant refusé de saluer le bailli Gessler, fut condamné par ce dernier à traverser d'une flèche une pomme placée sur la tête de son fils.

On assimilera la flèche à sa pointe G et la pomme à son centre d'inertie A.

On négligera les frottements. On prendra $g = 9{,}80 \text{ m} \cdot \text{s}^{-2}$.

Guillaume Tell est placé à une distance $D = 50{,}0 \text{ m}$ de son fils, le point de départ O de la pointe de la flèche G est sur la même horizontale que A.

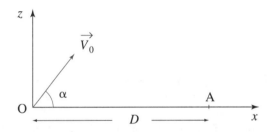

1) Guillaume Tell tire sa flèche, avec un vecteur vitesse initial $\vec{V_0}$ faisant un angle α avec l'horizontale.

   a) Quelle est l'équation paramétrique de la trajectoire de la flèche ?

   b) Quelle est l'équation cartésienne de la trajectoire de la flèche ?

   c) On a $\alpha = \alpha_1 = 30°$: quelle doit être la vitesse V_1 de la flèche pour qu'elle transperce la pomme A ?

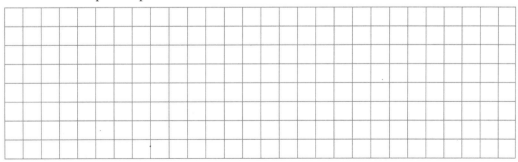

2) On se place dans le cas précédent $V_0 = V_1$ et $\alpha = \alpha_1$.

    a) Avec quel vecteur vitesse $\overrightarrow{V_1'}$ la flèche atteint-elle la pomme ?

    b) Quelle durée θ_1 met la flèche pour atteindre la pomme ?

3) Guillaume Tell en lançant la flèche avec la même vitesse V_1 aurait-il pu choisir un angle de tir $\alpha_1' \neq \alpha_1$ pour atteindre la pomme ? Si oui le calculer.

---

2   Quelques jours plus tard Guillaume Tell aperçoit l'infâme bailli Gessler en haut de la tour du beffroi ; il veut alors se venger. Le bailli que l'on assimilera à une cible ponctuelle B se trouve à une hauteur $H = 40{,}0$ m par rapport à la pointe de la flèche de son arbalète (point O) et à une distance $D = 50{,}0$ m devant lui (suivant une horizontale).

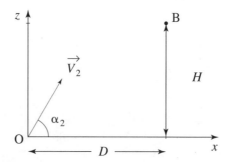

1) Quelle doit être la vitesse minimale V_2 de la flèche pour quelle puisse atteindre le bailli B ?

2) En déduire dans ce cas l'angle de tir α_2.

3) Avec quelle vitesse V_3 la flèche atteint-elle le bailli ?

4) En réalité pour transpercer la veste de cuir du bailli la flèche doit avoir une vitesse minimale $V_4 = 100$ km/h quand elle atteint le bailli.

    a) Avec quelle vitesse minimale V_5 Guillaume Tell doit-il lancer sa flèche ?

    b) Si $V_0 = V_5$, quel(s) doi(ven)(t) être l'(es) angle(s) de tir ?

3   Mortellement touché, le bailli Gessler laisse échapper, sans vitesse initiale, une balle qui va heurter le sol situé à $H = 40{,}0$ m plus bas.

La balle se met à rebondir verticalement de telle sorte que la hauteur de chaque rebond soit égale à $e = 0{,}64$ fois la hauteur du précédent rebond.

Au bout de quelle durée τ la balle va-t-elle s'immobiliser ?

On prendra comme origine des dates l'instant où le bailli Gessler lâche la balle.

■ Corrigés p. 102

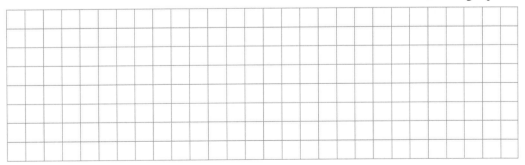

8. CHUTE AVEC FROTTEMENT FLUIDE

Quand un corps animé d'un mouvement de chute est soumis à une force de frottement fluide, on constate, qu'au bout d'un certain temps, il est animé d'un mouvement rectiligne uniforme. Cet exercice permet d'étudier en détail ce type de chute.

Une sphère (S) de rayon $a = 4,0$ cm, de masse $m = 300$ g est lâchée sans vitesse initiale dans un lac d'eau calme.

À $t = 0$, la sphère (S) est juste immergée :

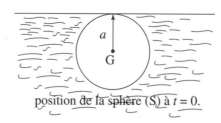

position de la sphère (S) à $t = 0$.

La sphère (S) est soumise, entre autres, à une force de frottement fluide $\vec{f} = -h\vec{v}$ (avec h constante positive), $\vec{v}$ étant la vitesse de la sphère (S) dans l'eau.

On rappelle que la masse volumique de l'eau est $\rho = 1\,000$ kg/m³ et on prendra $g = 9,80$ m/s².

1) Faire le bilan des forces à laquelle est soumise la sphère (S) quand elle est complètement immergée.

2) Écrire l'équation différentielle régissant la vitesse de cette sphère dans le lac.

3) Tracer l'allure de la courbe $v = f(t)$.
   On précisera en particulier son asymptote quand t devient grand et la pente à l'origine.
   On donnera ces deux valeurs sachant que la vitesse limite vaut $v_L = 8,0$ m/s. (Cette vitesse est atteinte si la profondeur est assez grande).

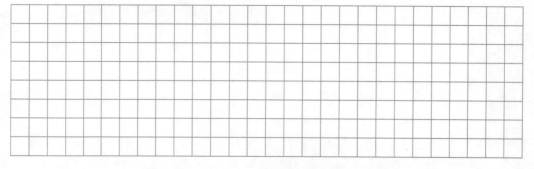

4) De la valeur de v_L en déduire celle du coefficient de frottement fluide h.

5) Montrer que l'équation différentielle obtenue au **2)** a pour solution :

$$v = A(1 - e^{-Bt}).$$

On exprimera A et B en fonction de h, m et v_L. On rappelle que : $\dfrac{de^{ax}}{dx} = ae^{ax}$.

6) À quel instant t_1 la vitesse atteint sa valeur limite à 1 % près ?

7) De l'expression de v en déduire l'expression de z, distance parcourue lors de sa chute à partir de l'instant $t = 0$ par la sphère.

On rappelle que la primitive de e^{ax} est $\dfrac{e^{ax}}{a}$.

8) Quelle distance z_1 a parcouru la sphère (S) à $t = t_1$, c'est-à-dire quand $v = 0,99 v_L$?

■ Corrigés p. 111

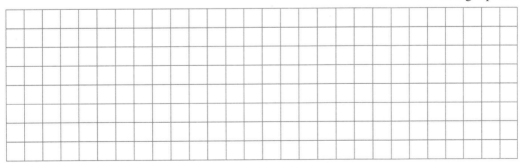

9. Assistance gravitationnelle par Jupiter

Par l'influence gravitationnelle d'une planète, on peut dévier et accélérer la trajectoire d'une sonde spatiale.

On assimilera les planètes et le Soleil à des corps ponctuels et les orbites des planètes à des cercles ayant pour centre le Soleil. Les orbites seront considérées comme coplanaires. La Terre a une vitesse $u_T = 29,9$ km/s sur son orbite circulaire dans le repère héliocentrique, ce repère étant considéré comme galiléen. La période de révolution de la Terre autour du Soleil est $T_T = 1$ an $= 365,25$ j

Jupiter a une vitesse u_J sur son orbite circulaire dans le repère héliocentrique. Sa période de révolution autour du Soleil est $T_J = 11,862$ ans. Jupiter a même sens de révolution que la Terre autour du Soleil.

1) Montrer que la période de révolution T d'une planète est liée à sa vitesse de révolution u, mesurée dans le repère héliocentrique, par la relation :
$$u^3 T = \text{constante}.$$

2) En déduire la vitesse u_J de Jupiter.

3) Une sonde spatiale s'approche de Jupiter. Le vecteur vitesse de la sonde dans le repère héliocentrique est noté $\vec{V}$ et son vecteur vitesse par rapport au repère géocentrique jovien est noté $\vec{V'}$.

Soient $\vec{V'_0}$ et $\vec{V'_1}$ les vecteurs vitesse de la sonde avant et après l'influence de Jupiter. On se place dans le cas où :

– Les vecteurs vitesse $\vec{V'_0}$ et $\vec{V'_1}$ sont dans le plan de l'orbite de Jupiter.

– Le vecteur vitesse $\vec{V'_1}$ est parallèle au vecteur $\vec{u_J}$ et de même sens.

– Les vecteurs vitesse $\vec{V'_0}$ et $\vec{V'_1}$ sont portés par des directions perpendiculaires ; $\vec{V'_0}$ étant dirigé vers l'extérieur de la trajectoire de Jupiter dans le repère héliocentrique.

a) On se place dans le repère géocentrique jovien que l'on assimilera à un repère galiléen.

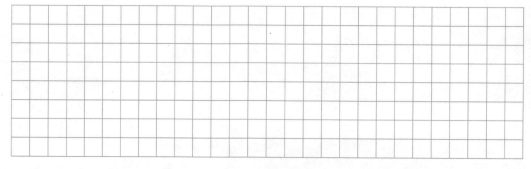

– Faire un schéma.

– Que peut-on dire de la variation de l'énergie mécanique de la sonde, dans ce repère entre avant et après l'influence de Jupiter ?

En déduire une relation entre les modules de $\overrightarrow{V_0'} : V_0$ et $\overrightarrow{V_1'} : V_1'$.

Rappel : l'énergie potentielle d'une sonde dans le repère géocentrique d'une planète est donnée par la relation : $E_{\mathrm{p}} = \dfrac{-G \cdot M \cdot m}{r}$

avec G : constante de gravitation universelle ;

  M : masse de la planète ;

  m : masse de la sonde ;

et r distance entre la sonde et le centre de la planète.

b) On se place dans le repère héliocentrique :

– Faire un schéma.

– Quelles relations lient d'une part : V_0 et V_0' et u_J et d'autre part : V_1, V_0' et u_J ?

c) Sachant que $V_0' = 3{,}0$ km/s, en déduire l'accroissement $\Delta V = V_1 - V_0$ du module de la vitesse de la sonde, accroissement de vitesse mesuré dans le repère héliocentrique.

d) Donner une application de ce résultat.

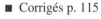

■ Corrigés p. 115

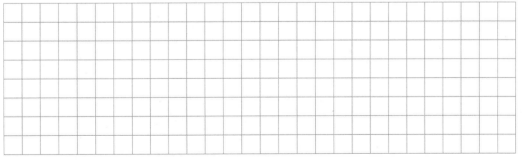

10. FREINAGE D'UN SATELLITE PAR L'ATMOSPHÈRE

Quand un satellite freine, il accélère : pourquoi ?

Soit un satellite de masse m, de centre d'inertie S en orbite circulaire autour de la Terre, à la distance $R + h = r$ de O. (O : centre de la Terre, R : rayon de la Terre et h : altitude du satellite).

On admet que la Terre a une répartition de masse à symétrie sphérique et on considérera le repère géocentrique terrestre comme galiléen.

1   Caractéristiques de satellite en orbite circulaire, dans le repère géocentrique terrestre, les frottements dûs à l'atmosphère étant négligeables.

1) Calculer la vitesse v du satellite sur son orbite en fonction de G : constante de la gravitation universelle, de M : masse de la Terre et de r.

2) En fonction des mêmes données, calculer sa période de révolution T.

3) Calculer en fonction de G, M, r et m :

    a) L'énergie cinétique E_k du satellite.

    b) L'énergie mécanique E du satellite. (On rappelle que son énergie potentielle vaut
$$E_p = \frac{-G \cdot M \cdot m}{r} \text{ avec } E_p \to 0 \text{ si } r \to \infty).$$

    c) Quelles relations a-t-on entre E et E_k, E et E_p et E_k et E_p ?

2   Freinage du satellite par l'atmosphère terrestre.

Jusqu'à des altitudes de 800 à 1 000 km l'action de freinage de l'atmosphère se fait sentir pour un satellite terrestre. On considérera que la vitesse du satellite est toujours très grande devant la vitesse de l'atmosphère entraînée par la rotation de la Terre.

On peut alors admettre que la force de frottement à laquelle est soumis le satellite est de la forme :
$$\vec{f} = -k(r) \cdot \vec{v}$$

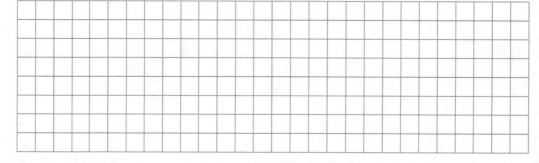

avec $\vec{v}$: vitesse du satellite dans le repère géocentrique terrestre,

$k(r)$:   fonction décroissante de r.

1) Justifier qualitativement l'expression de $\vec{f}$.

2) On considère que le satellite a une trajectoire elliptique.

    a) En quel point de la trajectoire l'action de cette force est maximale ?

    b) Montrer qualitativement que sous l'action de cette force de frottement, la trajectoire tend à devenir circulaire. On admettra qu'avec une assez bonne approximation, les relations données au **1.3)** restent valables pour une orbite elliptique dont le centre de la Terre est l'un des foyers.

3) On se replace dans le cas d'une trajectoire circulaire.

    a) Exprimer le travail de la force de frottement pendant un tour complet. On admettra que si la variation de r : Δr est relativement faible (c'est-à-dire si $\left|\dfrac{\Delta r}{r}\right| \ll 1$) on pourra considérer le coefficient $k(r)$ comme constant lors d'une révolution.

    b) Donner les expressions de l'énergie mécanique E du satellite quand le rayon de l'orbite est r, et quand le rayon de l'orbite vaut $r + \Delta r$, avec Δr variation algébrique de r au bout d'un tour. Préciser le signe de Δr.

    c) Calculer de deux manières différentes (pour cela utiliser les expressions obtenues au **a)** et au **b)** précédents) la variation ΔE de l'énergie mécanique après que le satellite ait effectué une révolution complète.

    d) Soit la grandeur $\theta = \dfrac{m}{k(r)}$: montrer par analyse dimensionnelle qu'elle est homogène à un temps.

    e) Exprimer la variation relative $\dfrac{\Delta r}{r}$ par révolution du rayon de l'orbite du satellite en fonction de T : période du mouvement non perturbé du satellite à la distance r du centre de la Terre et de θ défini précédemment.

    f) Quelles sont, par révolution, les variations relatives de la vitesse : $\dfrac{\Delta v}{v}$ et de l'énergie cinétique : $\dfrac{\Delta E_k}{E_k}$ du satellite ?

Commenter et expliquer les résultats obtenus.

                                              ■ Corrigés p. 118

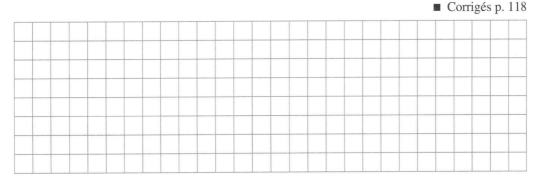

11. LA COMÈTE DE SHOEMAKER-LEVY P/9

Il s'agit de la neuvième comète découverte par Cardyn et Gene Shoemaker et David Levy en mars 1993. La lettre P indique qu'elle avait une trajectoire parabolique.

Cette comète serait probablement restée dans l'anonymat si elle ne s'était pas rapprochée de Jupiter. Mais la très grande force gravitationnelle de Jupiter l'a fait exploser en plusieurs morceaux (on en a compté au moins 21).

Les différents morceaux de la comète se sont écrasés sur Jupiter en juillet 1994.

Dans ce problème on va chercher, en utilisant des modèles très simples, la cause de cette fragmentation puis l'ordre de grandeur de la taille maximale des morceaux issus de la fragmentation de la comète.

On admet que le référentiel jovicentrique est galiléen et on néglige les effets dûs au Soleil dans ce référentiel. Jupiter est une planète considérée comme sphérique, homogène de masse M_J et de rayon R_J.

Données : $M_J = 1{,}91 \cdot 10^{27}$ kg

$R_J = 71\ 400$ km

$K = 6{,}67 \cdot 10^{-11}$ u. S.I (constante de gravitation universelle).

---

1   La comète considérée comme un satellite de Jupiter

On considère que le mouvement du centre d'inertie G de la comète est circulaire de rayon $d = OG$ (O centre de Jupiter) dans le référentiel jovicentrique.

1) Montrer que le mouvement de G est circulaire et uniforme si $d = $ constante.

2) En déduire la période T de la révolution de la comète autour de Jupiter en fonction de M_J et d.

3) Calculer T si $r = 8R_J$.

2 Cause de la fragmentation de la comète - Limite de Roche

On cherche la distance en dessous de laquelle la comète s'approchant de Jupiter se fragmente en plusieurs morceaux sous l'effet de la gravitation dûe à Jupiter. On fait les hypothèses suivantes :

• La comète de masse volumique μ_c est en orbite circulaire de rayon d autour du centre de Jupiter.

• La comète est considérée comme formée de deux sphères identiques de masse m et de rayon r homogènes et disposées comme indiqué ci-après :

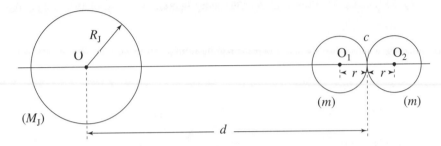

r est très petit par rapport à d et m très petit par rapport à M_J.

Les 2 sphères constituant la comète sont liées entre elles par leur attraction gravitationnelle mutuelle.

On appelle F_c le module de la force de contact existant entre ces 2 sphères.

On suppose que la disposition des 2 sphères reste inchangée et leurs centres O_1 et O_2 restent alignés avec le centre O de Jupiter.

• Les 2 sphères constituant la comète sont homogènes et ont la même masse volumique.

1) Faire un bilan des forces s'exerçant sur chacune des 2 sphères constituant la comète.

2) Écrire pour chacune des 2 sphères la relation fondamentale de la dynamique dans le repère jovicentrique.

   En déduire 2 expressions donnant ω^2 : le carré de vitesse angulaire de la comète en orbite autour de Jupiter, en fonction de M_J, m, d, r et F_c.

   F_c est le module de la force de contact.

3) Que devient F_c quand le contact cesse entre les 2 sphères ?

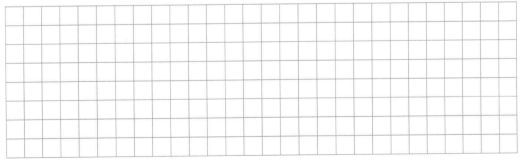

4) a) En admettant que les 2 sphères ont même vitesse angulaire jusqu'à ce que le contact cesse entre elles en déduire la distance d_R, appelée limite de Roche pour Jupiter, distance d telle que le contact cesse entre les 2 sphères.
On donnera d_R en fonction de r, m et M_J.
On rappelle la relation $(1 + \varepsilon)^n = 1 + n\varepsilon$ si $\varepsilon \ll 1$.

b) En déduire le module de la force f d'attraction mutuelle entre les 2 sphères en fonction de r, M_J et d_R.

5) Exprimer d_R, la limite de Roche, en fonction de R_J et de μ_J et μ_c masses volumiques respectives de Jupiter et de la comète.

6) a) On a $\mu_c = 1\ 000$ kg/m³. Quelle est la composition probable de la comète ?

b) Calculer μ_J.

c) En déduire d_R : la limite de Roche pour Jupiter.

---

3   **Influence des forces de cohésion : fragmentation de la comète**
Les observations ont montré que la fragmentation de la comète s'est produite quand $d = d_0 = 1,5 R_J$.

1) a) Comparer d_0 à d_R.

b) Montrer que cela peut s'interpréter si on suppose qu'en plus des forces déjà citées, les 2 sphères sont liées par des forces de cohésion.

2) a) Déterminer le module de la force de cohésion : F_{coh}, en fonction de f, M_J, d_R, r et d_0.

b) Montrer que l'on a la relation :

$$F_{coh} = f\left[\left(\frac{d_R}{d_0}\right)^6 - 1\right] = f\alpha.$$

c) En déduire la valeur de α.

3) a) Les forces de cohésion entre 2 morceaux d'un solide sont à courte portée et elles sont proportionnelles à la surface de contact entre les 2 morceaux.
Dans le cas de la glace, constituant l'essentiel de la comète, on peut estimer la force de cohésion par unité de surface : f_{coh} à partir de l'observation ci-après : la taille limite sur Terre des stalactites de glace est de 3,0 m, au-delà elles s'effondrent sous l'effet des forces de pesanteur. En considérant le cas d'une stalactite de glace cylindrique, en déduire f_{coh}.

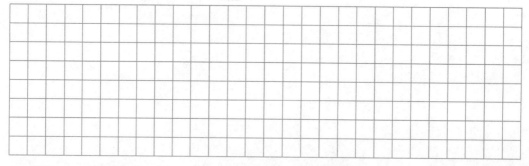

b) Calculer numériquement f_{coh} en assimilant la masse volumique de la glace à μ_c et en prenant g = accélération de la pesanteur à la surface de la Terre = 9,8 m/s^2.

4) Pour calculer les forces de cohésion dans le cas de cette comète on assimile les deux parties de masse m constituant la comète à 2 cubes identiques, d'arête r', accolés par une face complète.

a) Déduire r' en fonction de r.

b) En conservant le modèle des 2 sphères pour le calcul de l'attraction mutuelle et celui des cubes pour le calcul des forces de cohésion, en déduire la relation donnant r en fonction de f_{coh}, μ_c et α.

c) Déterminer r et en déduire une estimation de la dimension des morceaux issus de la fragmentation de la comète.

■ Corrigés p. 125

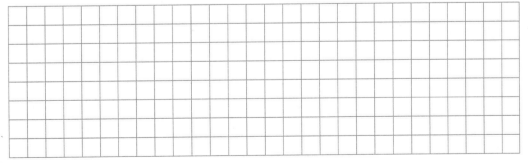

12. L'EXPANSION DE L'UNIVERS

L'Univers est-il stationnaire ? Est-il en expansion infinie ? Ou bien après le Big Bang y aura-t-il un « Big Crunch » (univers oscillant) ? La réponse à cette question dépend en partie de la masse volumique de l'Univers. Cet exercice vous propose de chercher l'ordre de grandeur de la masse volumique critique au-delà de laquelle le modèle d'Univers en expansion infinie sera vérifié.

1   À partir des mesures effectuées avec le télescope du Mont Wilson, aux États Unis, l'astronome Hubble a montré, dans les années 1920, que la vitesse v d'éloignement (appelée aussi vitesse de récession) des objets célestes observés est proportionnelle à leur distance r par rapport à la Terre : *cf.* figure 1 ci-après :

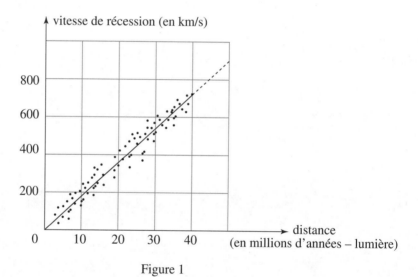

Figure 1

On a, $v = H \cdot r$ $\left(v = \dfrac{\mathrm{d}r}{\mathrm{d}t} \right)$ avec H constante, appelée constante de Hubble.

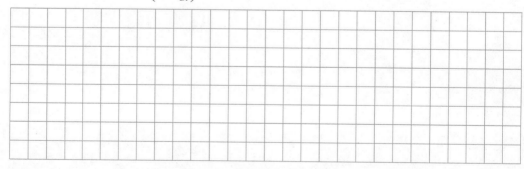

a) À l'aide de la courbe de la figure 1 déterminer la valeur de H en kilomètres par seconde et par millions d'années de lumière, pour des vitesses de récession faible devant la vitesse c de la lumière dans le vide.
On rappelle que $c = 3,00 \cdot 10^8$ m/s.

b) En déduire la valeur numérique de H en s^{-1} et en années^{-1}.

c) Exprimer H^{-1} en années. Que vous suggère cette dernière valeur numérique ?

---

2 On va chercher à savoir si l'univers a une expansion limitée ou pas.

On prend comme modèle de l'Univers une sphère homogène Σ de rayon R et de masse volumique ρ ; on note M_u la masse totale de l'Univers (donc la masse totale de la sphère Σ).

a) Exprimer en fonction de ρ, H, r et dr l'énergie cinétique dE_k d'une couche d'Univers comprise entre les rayons r et $r + dr$ (*cf.* figure 2 ci-après).

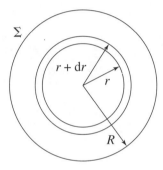

Figure 2

(On rappelle que la surface d'une sphère de rayon r vaut $4\pi r^2$.)

b) En déduire l'énergie cinétique E_{k_u} de l'Univers.

c) À l'aide de ce modèle on cherche à déterminer l'énergie potentielle gravitationnelle E_{p_u} de l'Univers.

α) Déterminer la masse d'une sphère de rayon $r < R$, ayant même centre O que Σ.

β) En déduire l'énergie potentielle dE_p d'une couche comprise entre les rayons r et $r + dr$ posée sur la sphère de rayon r.

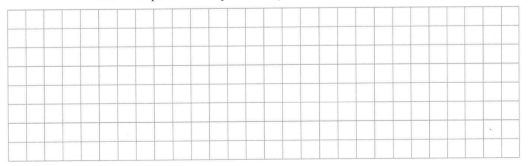

On négligera l'énergie potentielle d'interaction entre les particules constituant la couche par rapport à l'énergie d'interaction entre la couche et la sphère de rayon r sur laquelle est posée la couche.

On rappelle que l'énergie potentielle entre une masse m et une masse dm situées à la distance r l'une par rapport à l'autre est :

$$dE_p = -\frac{K}{r}m \cdot dm$$

avec K = constante de gravitation universelle = $6{,}67 \cdot 10^{-11}$ unité S.I.

γ) Donner l'expression de l'énergie potentielle de l'Univers : E_{p_u} en fonction de R.

d) Exprimer de même l'énergie totale de l'Univers E_u en fonction de M_u, R, ρ, H et K.

e) Pour quelle valeur critique ρ_c de la masse volumique ρ de l'Univers cette énergie totale est-elle nulle ?

Donner la valeur numérique de ρ_c en kg/m³, puis sachant que la masse m_p d'un proton est égale à $1{,}67 \cdot 10^{-27}$ kg, exprimer ρ_c en masse de proton par mètre cube (m_p/m³).

f) Que se passe-t-il si :
- $\rho < \rho_c$?
- $\rho > \rho_c$?

■ Corrigés p. 134

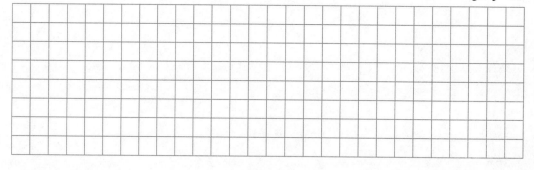

13. BOBINES DE HELMOLTZ

Helmoltz (1821-1894) est un physicien allemand du XIXe siècle. Grâce à son dispositif, on peut obtenir un champ magnétique uniforme dans un volume assez important et facile d'accès. Cet exercice permet de vérifier la validité de l'hypothèse champ magnétique uniforme dans l'espace situé entre les deux bobines et de connaître les limites de cette hypothèse.

1   Champ magnétique créé par une bobine circulaire plate

Une bobine circulaire plate de rayon R comporte N spires parcourues par un courant électrique d'intensité I.

On étudie le champ magnétique $\overrightarrow{B_1}$ qu'elle crée sur l'axe $x'x$, perpendiculaire au plan de la bobine d'origine O_1 située au centre de la bobine.

Données numériques :

$R = 16$ cm $N = 500$ spires $I = 2$ A   et $\mu_0 = 4\pi \cdot 10^{-7}$ u. S.I.

1) On oriente cet axe de façon que la valeur algébrique du champ magnétique en O_1 soit positive : faire un schéma en y faisant apparaître la bobine vue de dessus, l'axe $x'x$, le sens du courant électrique et $\overrightarrow{B_{1(O_1)}}$.

2) On donne $B_{1(O_1)} = \dfrac{\mu_0 NI}{2R}$.

Donner la valeur numérique de $B_{1(O_1)}$.

2   Champ magnétique créé par les bobines de Helmoltz

Une seconde bobine identique à la première et parcourue par un courant de même intensité et de même sens est disposée suivant le même axe. Son centre O_2 est à la distance $2a$ de O_1.

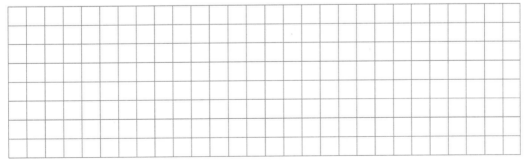

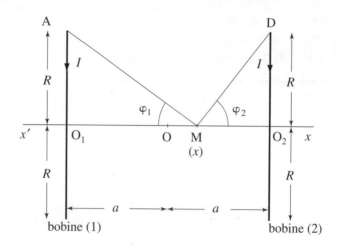

On prend maintenant comme origine des abscisses le point O situé au milieu du segment O_1O_2. On va chercher à étudier le champ magnétique créé par ce dispositif en un point M d'abscisse x situé entre O_1 et O_2 sur l'axe $x'x$.

Le champ magnétique créé en M par une bobine plate est donné par la relation :

$$B_M = \frac{\mu_0 NI}{2R} \sin^3 \varphi, \quad \overrightarrow{B_M} \text{ étant porté par l'axe } x'x$$

où φ est l'angle sous lequel on voit le rayon R de la bobine plate depuis le point M.

1) Déterminer en fonction de R, a et x, $\sin \varphi_1$ et $\sin \varphi_2$, φ_1 et φ_2 étant respectivement les angles sous lesquels on voit la bobine (1) et la bobine (2) depuis M.

2) Déterminer en fonction de μ_0, N, I, R, a et x, $\overrightarrow{B_{M_1}}$ et $\overrightarrow{B_{M_2}}$, champs magnétiques en M créés respectivement par les bobines plates (1) et (2).

3) Déterminer le champ magnétique $\overrightarrow{B_{M_{(H)}}}$ créé par cet ensemble de 2 bobines en M :

$$\overrightarrow{B_{M_{(H)}}} = \overrightarrow{B_{M_1}} + \overrightarrow{B_{M_2}}$$

en fonction de μ_0, N, I, R, a et x.

4) Déterminer le champ magnétique $\overrightarrow{B_{O_{(H)}}}$ créé par cet ensemble de 2 bobines en O :

$$\overrightarrow{B_{O_{(H)}}} = \overrightarrow{B_{O_1}} + \overrightarrow{B_{O_2}}.$$

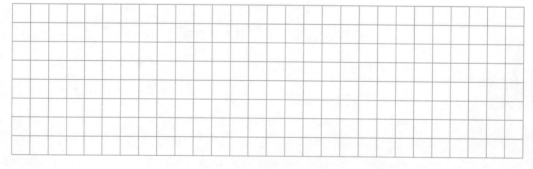

5) Exprimer $B_{M_{(H)}}$ en fonction de $B_{O_{(H)}}$, R, a et x.

On écrira $B_{M_{(H)}}$ valeur algébrique de $B_{M_{(H)}}$ sous la forme :

$$B_{M_{(H)}} = kB_{O_{(H)}}[(1 + \varepsilon)^n + (1 + \varepsilon')^{n'}]$$

avec k : constante.

ε et ε' grandeurs sans dimension, fonctions de x, a et R que l'on considérera comme inférieures à 1.

n et n' deux nombres.

On calculera k, ε et ε', n et n'.

6) Développer $(1 + \varepsilon)^n$ et $(1 + \varepsilon')^{n'}$ jusqu'au 4e ordre inclus, c'est-à-dire jusqu'aux termes en x^4. (On négligera les termes ayant x à une puissance supérieure à 4).

Rappels mathématiques :

$$(1 + \varepsilon)^n = 1 + n\varepsilon + \frac{n(n-1)}{2}\varepsilon^2 + \frac{n(n-1)(n-2)}{6}\varepsilon^3 + \frac{n(n-1)(n-2)(n-3)}{24}\varepsilon^4 + \dots$$

$$(a + b)^2 = a^2 + 2ab + b^2$$

$$(a + b)^3 = a^3 + 3a^2b + 3ab^2 + b^3$$

$$(a + b)^4 = a^4 + 4a^3b + 6a^2b^2 + 4ab^3 + b^4.$$

7) Donner l'expression de $B_{M_{(H)}}$ sous forme d'un développement limité. Que remarque-t-on pour les coefficients des termes en x et x^3 ?

8) a) Pour quelle valeur de a, $B_{M_{(H)}}$ est-il une constante si l'on néglige le terme en x^4 ?

Dans ce cas le dispositif des 2 bobines est appelé bobines de Helmoltz.

b) Que vaut alors $B_{M_{(H)}}$ dans ce cas ?

Faire l'application numérique.

9) On ne néglige plus le terme en x^4 dans l'expression de $B_{M_{(H)}}$, a ayant la valeur obtenue au **8)**.

Quelle doit être la valeur maximale du rapport $\dfrac{|x|}{a}$ pour que la valeur de $B_{M_{(H)}}$ diffère au maximum de 1 % de la valeur de $B_{O_{(H)}}$?

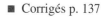 ■ Corrigés p. 137

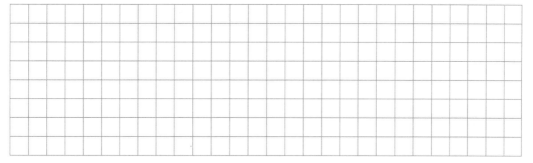

14. EFFET HALL ET TESLAMÈTRE

L'Effet Hall est l'apparition d'une différence de potentiel, appelée tension Hall, entre les deux faces d'un ruban conducteur traversé par un courant et soumis à l'action d'un champ magnétique. L'exercice suivant montre qu'en utilisant l'effet Hall, on peut réaliser un teslamètre : appareil qui permet de mesurer l'intensité d'un champ magnétique et de déterminer la direction et le sens de ce champ magnétique.

Soit un mince ruban de cuivre de largeur $l = 2,0$ cm, d'épaisseur $d = 0,10$ mm parcouru par un courant d'intensité $I = 8,0$ A dans le sens de la longueur.

Il est plongé dans un champ magnétique uniforme $\vec{B}$ perpendiculaire au ruban.

On appelle Ⓐ et Ⓩ les 2 faces au bord du ruban, ces 2 faces étant distantes de l. (*cf.* figure 1 ci-après).

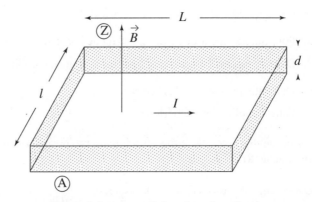

Figure 1 (longueur L du ruban de cuivre)

1) Sachant que dans le cuivre chaque atome libère un électron qui sert à la conduction du courant électrique, déterminer la vitesse v des électrons dans le ruban de cuivre.

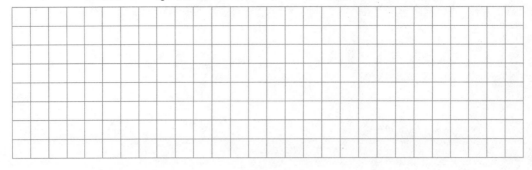

Données :

masse atomique du cuivre : $M_{Cu} = 63,5 \text{ g} \cdot \text{mol}^{-1}$;

masse volumique du cuivre : $\rho = 8\,920 \text{ kg/m}^3$;

nombre d'Avogadro : $\mathcal{N} = 6,02 \cdot 10^{23} \text{ mol}^{-1}$;

charge élémentaire : $e = 1,60 \cdot 10^{-19} \text{ C}$.

2) **a)** En admettant que les électrons de conduction sont soumis, comme dans le vide, à la force de Lorentz, montrer qu'il apparaît entre les 2 faces Ⓐ et Ⓩ une tension électrique U_H appelée tension de Hall.
   On indiquera sur un schéma le sens de U_H et les polarités des faces Ⓐ et Ⓩ du ruban.

   b) Déterminer U_H en fonction de B, B étant le module de $\vec{B}$.

   c) Montrer qu'avec une sonde à effet Hall on peut déterminer, en observant le signe et la valeur de U_H, le sens de $\vec{B}$ et l'angle entre $\vec{B}$ et la direction perpendiculaire au ruban.

3) La tension U_H étant très faible, on la multiplie par 1 000 en utilisant un montage électronique approprié. (On est dans le cas où U_H a sa valeur maximale).

   On obtient $U = 1\,000\,U_H = 2,5 \text{ mV}$.

   En déduire la valeur de B mesuré.

■ Corrigés p. 143

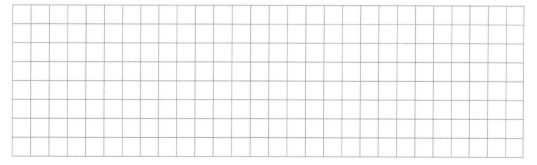

Deuxième partie

Systèmes oscillants

15. OSCILLATEUR ÉLECTROSTATIQUE

En utilisant la loi de Coulomb décrivant les forces d'interactions électrostatiques entre charges électriques, on étudie un oscillateur électrostatique qui consiste en une charge électrique mobile repoussée par deux charges électriques fixes situées de part et d'autre de cette charge mobile, les trois charges électriques étant alignées.

Deux petites boules conductrices A et B identiques, considérées comme ponctuelles, sont séparées d'une distance $d = 60$ cm.

La petite boule A a la charge électrique $q_A = q$,

la petite boule B a la charge électrique $q_B = \dfrac{q}{3}$.

Une troisième petite boule M de masse m, considérée elle aussi comme ponctuelle, peut se déplacer sur la droite qui joint les boules A et B. Elle est initialement neutre. On la met en contact avec la boule A ; la charge électrique q_A de A se répartit à égalité entre les boules A et M. Ensuite on l'abandonne à elle-même sur la droite qui joint les boules A et B. Dans tout l'exercice on négligera le poids de la boule M et tout frottement.

Pour les applications numériques on prendra : $m = 2{,}0$ mg $q = 60$ nC.

On rappelle $k = 9 \cdot 10^9$ u.S.I. (constante intervenant dans la loi de Coulomb : $F = \dfrac{k|q_1||q_2|}{d^2}$).

1) Déterminer la position d'équilibre O de la boule M.
   Faire l'application numérique.

2) On oriente de A vers B l'axe AB et on prend comme origine des abscisses le point O.

   a) À partir de sa position d'équilibre O, on déplace d'une distance x la petite boule M, x étant petit par rapport aux distances AO et OB.
   En faisant un développement limité au 1er ordre, montrer que la petite boule M est soumise alors à une force de rappel dont on donnera l'expression en fonction de k, q, d et x.

   Donnée : si $\varepsilon \ll 1$ on a $(1 + \varepsilon)^n \approx 1 + n\varepsilon$.

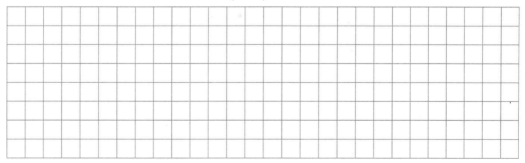

b) Montrer que si on lâche, sans vitesse initiale, la petite boule M quand elle est distante de b ($\overline{OM} = b$) de sa position d'équilibre, elle est animée d'un mouvement rectiligne sinusoïdal. Pour cela on établira l'équation différentielle que vérifie x : élongation de M.

c) Déterminer en fonction des données : q, m, d la pulsation ω, la fréquence N et la période T de ce mouvement sinusoïdal.
Faire les applications numériques.

d) Sachant qu'à $t = 0$ s, on a $x = b = 1,0$ cm et $v = 0,0$ m/s, donner l'équation horaire du mouvement de la petite boule M.

■ Corrigés p. 147

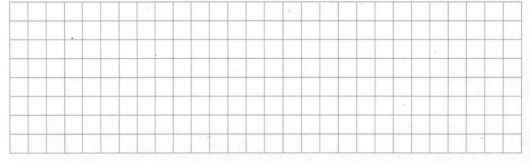

16. Sismographe

C'est un appareil qui permet de détecter et mesurer les ondes sismiques. Il doit reproduire le plus fidèlement possible les caractéristiques de ces ondes, et en particulier leur amplitude. Cet exercice propose l'étude d'un sismographe vérifiant cette condition.

Un sismographe est un appareil qui permet de mesurer l'amplitude d'une secousse sismique, indépendamment de la fréquence de cette secousse.

On peut modéliser un sismographe par le dispositif ci-après.

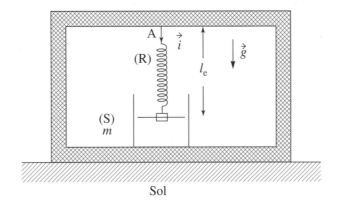

Sol

Un solide (S) de masse m est suspendu à l'extrémité d'un ressort (R) élastique à spires non jointives.

L'autre extrémité du ressort (R) est accrochée en A à un bâti fixé au sol. (*cf.* schéma).

Le solide (S) est de plus soumis à un frottement fluide $\vec{f} = -h\vec{v}$, h étant un coefficient positif et $\vec{v}$ la vitesse de (S) par rapport au bâti.

À l'équilibre la longueur du ressort R est l_e. Quand une secousse sismique a lieu, elle transmet au support donc au point A un mouvement oscillatoire d'élongation $y = Y\sin\Omega t$.

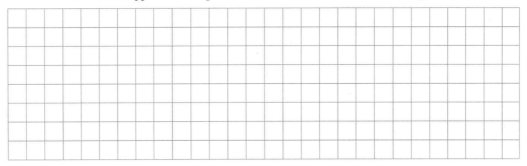

1) Quelle équation différentielle est vérifiée par x, x étant l'allongement du ressort (R) : $x = l - l_0$, l étant la longueur de ce ressort lors des oscillations du solide (S) ?

2) Quelle est l'équilibre horaire $x = f(t)$ en régime permanent forcé ?

3) Déterminer la pulsation propre ω_0 du sismographe.

4) On se place dans le cas où la pulsation propre ω_0 est très petite par rapport à la pulsation Ω de la secousse. De plus les frottements fluides sont faibles ; on admettra que $\dfrac{h}{m} \ll \Omega$.

   Comparer dans ces conditions l'amplitude de x avec l'amplitude Y de la secousse. En déduire pourquoi cet appareil est utilisé comme sismographe.

5) On veut que l'amplitude de x diffère de moins de 1 % de l'amplitude Y de la secousse sismique.
   Quelle condition doit-on avoir sur la fréquence N de la secousse sismique ?
   Faire l'application numérique.

Données : $m = 10$ kg

$h = 0{,}50$ kg/s

$k = 8{,}0 \cdot 10^{-3}$ N/m.

■ Corrigés p. 151

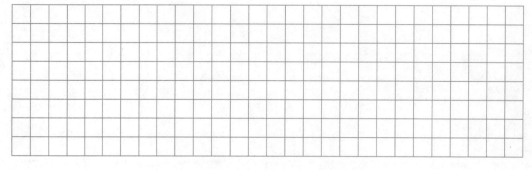

17. OSCILLATIONS D'UN LIQUIDE DANS UN TUBE EN U

Les oscillations d'un liquide peuvent être harmoniques : c'est ce que montre cet exercice qui étudie les oscillations d'un liquide dans un tube en U, avec l'hypothèse que ce liquide est incompressible et que les frottements sont négligeables.

Soit un tube en U de section constante $s = 1,20$ cm^2.
Il contient une masse $m = 180$ g d'eau, la masse volumique de l'eau étant :

$$\rho = 1,00 \cdot 10^3 \text{ kg /m}^3.$$

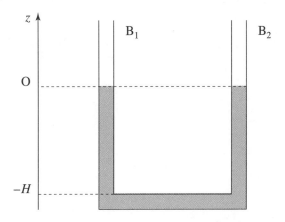

L'eau est considérée comme un fluide parfait, incompressible et, sauf mention contraire, on négligera l'influence des forces de frottements quand le liquide se déplace dans le tube en U. Les 2 branches B_1 et B_2 de ce tube en U sont verticales, et on admettra par la suite que les surfaces libres de l'eau sont toujours dans les parties verticales de ce tube (branches B_1 et B_2). On exerce alors une légère surpression dans la branche B_2 : on constate alors que la surface libre de l'eau dans cette branche baisse de $h_0 = 5,0$ cm.

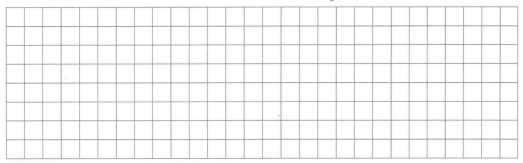

1) Que se passe-t-il alors pour la surface libre de l'eau dans la branche B_1 ?

2) À $t = 0$ on supprime la surpression dans la branche B_2.

    a) Que va-t-il se passer pour la masse d'eau contenue dans ce tube en U ?

    b) Calculer l'énergie mécanique de l'eau contenue dans ce tube en U à un instant quelconque t.

    c) Montrer que l'eau contenue dans le tube en U est animée d'un mouvement oscillatoire harmonique.

    d) Quelle est la période T des oscillations harmoniques générées ? Pour l'application numérique on prendra $g = 9,8$ m/s^2.

    e) Donner l'équation horaire de la côte du niveau de la surface libre de l'eau dans la branche B_1.

3) Au lieu d'avoir un fond de tube en U horizontal, on a un fond de tube en U en forme de demi-cercle. Les résultats précédents sont-ils modifiés ?

4) En réalité, on constate que les oscillations s'amortissent peu à peu. Pourquoi ?

■ Corrigés p. 155

18. OSCILLATIONS D'UNE MOLÉCULE DIATOMIQUE

Il s'agit, dans cet exercice, d'étudier les vibrations longitudinales de la molécule de monoxyde de carbone (CO). On la modélisera par un système à deux corps reliés par un ressort élastique et on montrera que les oscillations harmoniques dépendent des caractéristiques de la molécule.

Deux corps ponctuels (A_1) et (A_2) de masse respectives m_1 et m_2 sont reliés par un ressort élastique à spires non jointives de constante de raideur k, de masse négligeable et de longueur à vide l_0.

Les deux corps sont mobiles sur une tige fixe horizontale.

On repère leurs positions par leurs abscisses $x_1 = \overline{GA_1}$ et $x_2 = \overline{GA_2}$, G étant le centre de masse de ce système. Les frottements sont négligeables.

À $t = 0$ on écarte ces 2 corps ponctuels de leurs position d'équilibre et on les lâche sans vitesse initiale.

1) On pose $y = x_2 - x_1$.

Établir l'équation différentielle vérifiée par y.

2) Exprimer la période T avec laquelle les corps A_1 et A_2 oscillent l'un par rapport à l'autre en fonction de k, m_1 et m_2.

3) Le système précédent modélise les vitesses longitudinales de la molécule de monoxyde de carbone CO.

La longueur d'onde associée à la fréquence propre ν de ces vibrations est $\lambda = 4,60$ μm.

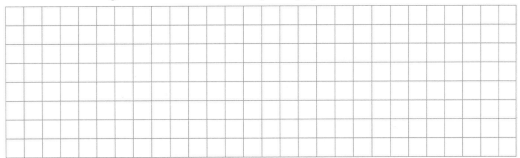

a) Déterminer cette fréquence propre. Faire l'application numérique.

b) Déterminer la constante de raideur k associée à la liaison carbone-oxygène de cette molécule. Faire l'application numérique.

Données :

- masses molaires atomiques : $M_C = 12$ g $M_O = 16$ g.

- nombre d'Avogadro : $\mathcal{N} = 6{,}02 \cdot 10^{23}$ mol^{-1}

- vitesse de la lumière dans l'air : $c = 3{,}00 \cdot 10^8$ m/s.

■ Corrigés p. 158

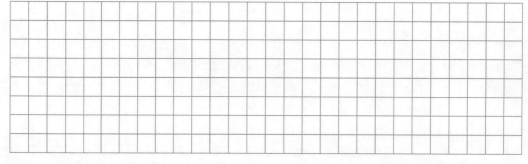

19. OSCILLATIONS MÉCANIQUES AMORTIES

À partir de l'enregistrement d'un mouvement oscillatoire, on détermine la nature et les caractéristiques des oscillations et de l'oscillateur qui les crée.

1 Soit l'enregistrement $x = f(t)$ d'un mouvement oscillatoire dû à un oscillateur mécanique.

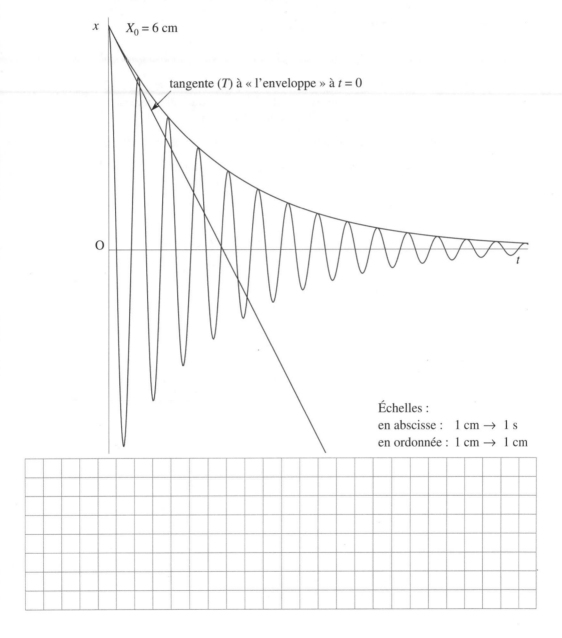

$X_0 = 6$ cm

tangente (T) à « l'enveloppe » à $t = 0$

Échelles :
en abscisse :   1 cm $\rightarrow$ 1 s
en ordonnée : 1 cm $\rightarrow$ 1 cm

a) Quel type d'oscillations a-t-on ?

b) Les oscillations proviennent-elles d'un pendule simple ou d'un pendule élastique ?

---

2 On admet que ces oscillations sont dues à un pendule élastique horizontal assimilable à un ressort (R) de raideur k (ce ressort est parfaitement élastique, à spires non jointives et sa masse est négligeable) et à un solide (S) de masse m.

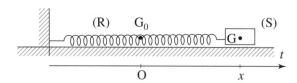

Le système oscillant est soumis à une force de frottement fluide $\vec{f} = -h\vec{v}$.

L'abscisse de G, centre d'inertie du solide (S) est égale à l'allongement x du ressort (R) : $x = 0$ quand G est en G_0, position d'équilibre du système.

a) Déterminer l'équation différentielle régissant ce système oscillant.

b) Cette équation différentielle admet comme solution :
$$x = X_0 e^{-\lambda t} \sin(\omega t + \varphi)$$

• Déterminer ω et λ en fonction de h, m et k.

• Que représente X_0 ?

c) Sachant que $m = 100$ g et en utilisant l'enregistrement donné :
  – calculer X_0, φ, λ et ω ;
  – en déduire les valeurs de h et k.

■ Corrigés p. 161

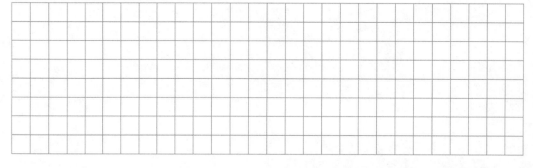

20. PENDULE SIMPLE NON HARMONIQUE

Quand les oscillations d'un pendule simple ont une amplitude telle que l'on ne peut plus faire l'approximation des « petits » angles : $\sin\alpha = \alpha$, ces oscillations ne sont plus harmoniques. Cet exercice a pour objet d'étudier ces oscillations non harmoniques et de les comparer aux oscillations harmoniques correspondantes.

On considère un pendule simple constitué d'un objet ponctuel B, de masse m, suspendu en un point O par un fil tendu sans raideur et sans masse, de longueur l dans le champ de pesanteur terrestre supposé uniforme ; on considérera le référentiel terrestre comme galiléen.

On note θ l'angle que fait le fil de suspension avec la verticale ; on étudie les mouvements dans le plan vertical de la figure ci-après :

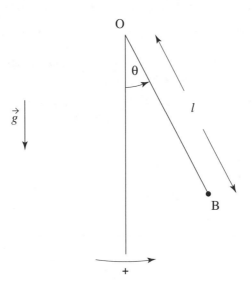

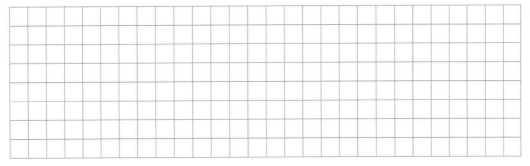

1) À quelle condition sur la durée de l'expérience le référentiel terrestre peut-il être considéré comme galiléen ?

2) Établir l'équation différentielle du mouvement au point B, vérifiée par l'élongation angulaire θ du pendule.

3) **a)** À quelle condition le pendule ci-dessus sera-t-il un oscillateur harmonique ?

    b) Quelle est alors l'expression littérale de sa pulsation ω_0 ?

4) On a θ trop grand pour pouvoir écrire $\sin\theta \approx \theta$ (θ en radian).

    a) Montrer que l'on a un oscillateur non harmonique.

    b) Dans ce cas on peut poser :

$$\sin\theta = \theta - \frac{\theta^3}{6}.$$

    Que devient l'équation différentielle du mouvement ?

    c) On cherche pour l'équation différentielle obtenue au **b)** une solution approchée de la forme : $\theta = \theta_0\cos\omega t + \varepsilon\theta_0\cos 3\omega t$.

    Quelle est dans cette solution, la pulsation fondamentale ?

    d) On suppose $\varepsilon \ll 1$. En reportant la solution approchée dans l'équation différentielle obtenue au **b)**, établir en faisant les approximations convenables, l'expression de la pulsation ω en fonction de ω_0 et du premier terme correctif. Exprimer aussi ε en fonction de θ_0.

    On rappelle : $(a+b)^3 = a^3 + 3a^2b + 3ab^2 + b^3$

$$\cos^2 x = \frac{1 + \cos 2x}{2}$$

$$\cos^3 x = \frac{3\cos x + \cos 3x}{4}$$

$$\cos a \cos b = \frac{\cos(a-b) + \cos(a+b)}{2}$$

$$\cos x = \cos{-x}.$$

5) On superpose la solution informatique $\theta(t)$ de l'équation différentielle exacte du pendule (établi au **2)** v) et la fonction $y = \theta_0\cos\omega_0 t$

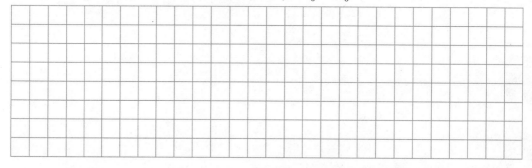

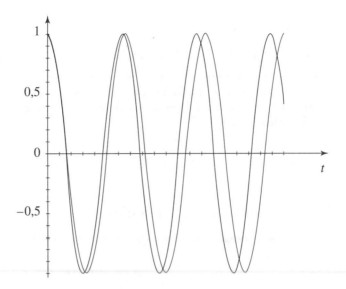

a) La solution $\theta(t)$ est-elle harmonique ?

Quelle est sa pulsation fondamentale ?

Quelles pulsations harmoniques contient-elle ?

Quelle serait l'allure du spectre de la solution $\theta(t)$ obtenue par analyse spectrale.

Donnée : L'équation différentielle $\dfrac{\mathrm{d}^2\theta}{\mathrm{d}t^2} + \omega_0^2 \sin\theta = 0$ étant impaire, la solution $\theta = f(t)$ ne possède que des harmoniques impaires.

b) En utilisant le résultat trouvé au **4) b)** la courbe $\theta(t)$ relative au mouvement réel du pendule est-elle celle qui a la plus grande période ou celle qui a la plus petite période ?

■ Corrigés p. 165

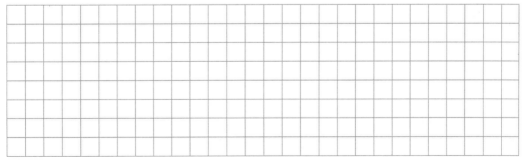

21. Oscillateur à plusieurs positions d'équilibre

L'étude énergétique d'un oscillateur mécanique ayant plusieurs positions d'équilibre va permettre de déterminer ces dernières en fonction des caractéristiques de l'oscillateur et de caractériser leur stabilité.

Un solide (S) de masse $m = 200$ g peut se déplacer sur une tige horizontale (H) sans frottement.

Un ressort élastique (R) à spires non jointives de constante de raideur $k = 0,10$ N/cm et de longueur à vide $l_0 = 15,0$ cm est accroché en un point A fixe et au centre G du solide (S), selon le schéma ci-après.

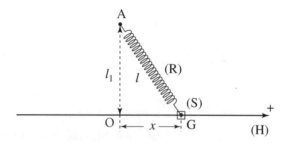

Soit O la position de G quand AG est perpendiculaire à la tige (H).

On pose $\quad AO = l_1$, $AG = l$ et $\overline{OG} = x$.

1) Calculer l'énergie potentielle E_p de ce système en fonction de k, m, l_0, l_1 et x.
   On prendra $E_p = 0$ quand $x = 0$ (c'est-à-dire quand G est en O).

2) On fixe $AO = l_1 = 18$ cm.

   a) Tracer la courbe $E_p = f(x)$ pour $|x| \leqslant 18$ cm.
      Échelles   1 cm $\rightarrow$ 2 cm   en abscisse
                 1 cm $\rightarrow$ 2 mJ   en ordonnée.

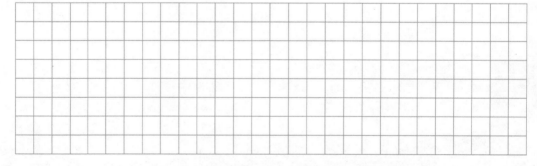

b) A-t-on un système oscillatoire ?

c) Le point O d'abscisse $x = 0$ est-il un point d'équilibre stable ?

d) Dans le cas général cet oscillateur est-il harmonique ?

e) Étudier le cas où les oscillations sont de faible amplitude, c'est-à-dire le cas où $x \ll l_0$ et l_1.

3) On fixe AO = l_1 = 10 cm.

a) Tracer la courbe $E_p = f(x)$ pour $|x| \le 18$ cm. On prend, comme précédemment $E_p = 0$ pour $x = 0$.
Échelles   1 cm → 2 cm   en abscisse
               1 cm → 1 mJ   en ordonnée.

b) Quelles sont les différentes positions d'équilibre du système ? Les déterminer graphiquement et par le calcul.

c) Que peut-on dire de la stabilité de ces points d'équilibre ?

d) Le nouveau système peut-il générer des oscillations ?

■ Corrigés p. 171

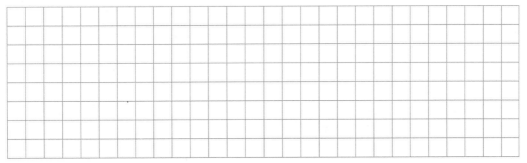

22. LE BOTAFUMEIRO : OSCILLATEUR PARAMÉTRIQUE

Un oscillateur paramétrique est un oscillateur pour lequel l'un des paramètres déterminant la fréquence n'est pas constant.

Le Botafumeiro de la cathédrale de Saint-Jacques de Compostelle est un encensoir relié par une corde de 20,6 mètres de long, à une poulie fixée en haut de la croisée. Lors des cérémonies religieuses, le mouvement de cet oscillateur est amplifié par modification périodique de la longueur de la corde qui est l'un des paramètres influant sur la fréquence des oscillations.

1 Le point de suspension O d'un pendule simple est animé d'un mouvement sinusoïdal. Sa côte z s'écrit $z = z_0 \cos \Omega t + h$, h étant la position d'équilibre de O.

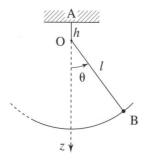

On considère que le pendule n'est soumis à aucune force de frottement.

1) Quelle est l'accélération du point de suspension O ?

2) Le repère (R) lié au point de suspension O et dont les axes sont parallèles à cause du repère terrestre est-il galiléen ?
On considérera le repère terrestre comme galiléen.

3) Soit m la masse du corps ponctuel B lié à O par un fil de longueur l, de masse négligeable et de raideur nulle.

  a) Quelle est l'accélération du corps ponctuel B dans le repère terrestre ?

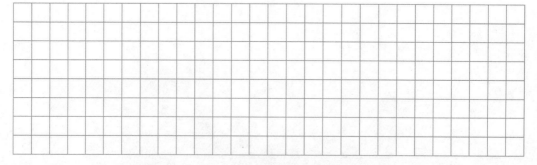

b) En utilisant la relation fondamentale de la dynamique, montrer que l'élongation angulaire θ du pendule vérifie l'équation différentielle :

$$\frac{d^2\theta}{dt} + \omega_0^2(1 + b\cos\Omega t)\sin\theta = 0.$$

Déterminer les constantes ω_0 et b.

c) Si l'on écrit cette équation différentielle sous la forme $\frac{d^2\theta}{dt^2} + \beta\sin\theta = 0$ que peut-on dire du coefficient β ?

Comment appelle-t-on alors ce type de pendule ?

---

2   Application au Botafumeiro de Saint-Jacques de Compostelle

Le Botafumeiro de Saint-Jacques de Compostelle est un encensoir géant suspendu par une corde attachée au haut de la croisée de la cathédrale.

Pendant qu'il oscille, huit hommes tirent sur une corde qui soulève l'encensoir lorsque celui-ci passe par la verticale et relâchent quand l'encensoir est au plus haut.

1) Montrer que le fait de tirer sur la corde quand l'encensoir passe par sa position verticale et de la relâcher quand l'encensoir a son élongation maximale ne fait pas varier l'énergie cinétique à ces moments-là, mais entraîne une augmentation de l'énergie potentielle égale à $mgd(1 - \cos\theta_m)$.

Avec d : longueur dont on tire puis on relâche la corde,

et θ_m : amplitude des oscillations.

En déduire la variation de l'énergie totale du Botafumeiro après chaque « tirer-relâcher ».

2) Que se passe-t-il pour l'amplitude des oscillations si les tireurs appliquent la procédure donnée au 1).

3) Sachant que la longueur de la corde au passage par la position d'équilibre vaut $l = 20,6$ m et l'amplitude maximale atteinte vaut 82°, en déduire la vitesse maximale du Botafumeiro quand il passe à sa position d'équilibre. On prendra $g = 9,8$ m/s².

4) Quelle relation y a-t-il entre la fréquence N des « tirer-relâcher » effectués par les huit hommes et la fréquence ν du Botafumeiro ?

En déduire la relation entre la pulsation Ω des excitations et la pulsation ω des oscillations.

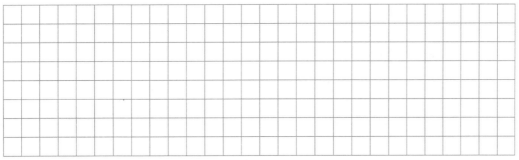

5) Quelle condition doit remplir le coefficient b de l'équation différentielle donnée au **3) b)** de la première partie, pour que l'on ait toujours des oscillations ?

En déduire la valeur maximale z max de z_0 en assimilant ω à ω_0 et en utilisant la relation entre Ω et ω établie au **4)**.

Calculer la valeur numérique de z_0 max dans le cas du Botafumeiro.

Rappel : on a un mouvement oscillatoire si l'équation différentielle :

$$\frac{d^2\theta}{dt^2} + \beta \sin\theta = 0$$

a un coefficient β positif.

6) Donner l'allure de la trajectoire de phase de cet oscillateur dans le cas où b est petit devant 1. Donner la signification physique de « b petit devant 1 ».

■ Corrigés p. 176

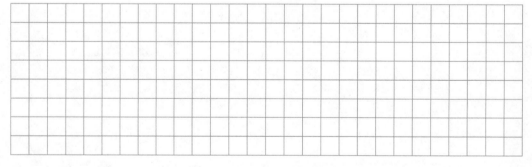

23. LE VASE DE TANTALE : OSCILLATIONS DE RELAXATION

Les oscillations de relaxation sont entretenues par un apport continu d'énergie. À la différence d'un oscillateur ordinaire, la période d'un oscillateur de relaxation dépend du système d'entretien et pas uniquement de l'oscillateur lui-même. Le vase de Tantale, présenté ci-dessous, est l'exemple le plus célèbre de ce type d'oscillateur.

1

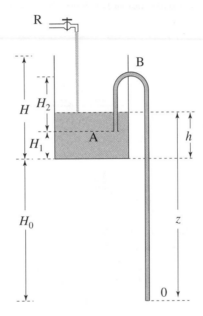

Un siphon ABO formé d'un tube recourbé de section constante $s = 1,0$ cm^2 permet la vidange de l'eau contenue dans un vase cylindrique de section $S = 100$ cm^2 et de hauteur $H = 40$ cm.
L'ouverture O inférieure du siphon est située à une distance $H_0 = 80$ cm au-dessous du fond du vase.

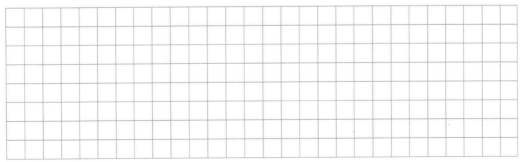

L'ouverture A supérieure du siphon est située à une distance $H_1 = 10$ cm au-dessus du fond de vase.

Enfin le point « haut » B du siphon est situé à une hauteur $H_2 = 20$ cm au-dessus de l'ouverture supérieure A du siphon. (*cf.* figure)

Cet ensemble, appelé vase de Tantale, est alimenté en eau par le robinet R qui a un débit volumique réglable *D*.

Quand l'eau monte dans le vase, le siphon s'amorce quand la surface libre de l'eau atteint le niveau de B.

Quand l'eau descend dans le vase, le siphon se désamorce quand la surface libre de l'eau atteint le niveau de A.

En désignant par *z* la hauteur de la surface libre de l'eau au-dessus du niveau de l'ouverture inférieure O du siphon, on admet que la vitesse de sortie de l'eau de cette ouverture est égale à celle qu'elle aurait lors d'une chute libre de même hauteur sans vitesse initiale.

On prendra $g = 9,8$ m/s² dans tout l'exercice.

Quel est le débit volumique maximal δ_{max} du siphon amorcé ?

---

2 Le vase de Tantale est vide. On ouvre le robinet R qui a un débit volumique constant *D*. On prend l'instant $t = 0$ quand le siphon s'amorce et on néglige les phénomènes transitoires comme la durée de remplissage du siphon.

    a) Quelle équation différentielle vérifie la hauteur *z* de la surface libre de l'eau (par rapport à O) quand le siphon est amorcé ?

    b) Quelle est la hauteur *h*, comptée à partir du fond du vase de Tantale, du niveau limite de la surface libre de l'eau ?

    c) Entre quels débits D_1 et D_2 $(D_2 > D_1)$ doit-t-on régler le débit du robinet pour que le niveau limite de la surface libre de l'eau soit dans le vase de Tantale ?

    d) Quel est le débit D_B du robinet pour que le niveau limite de la surface libre de l'eau soit au niveau du sommet B du siphon ?

    e) Après ce premier amorçage, quels sont les régimes d'écoulement possibles suivant les valeurs du débit *D* du robinet ? On décrira brièvement chacun de ces régimes.

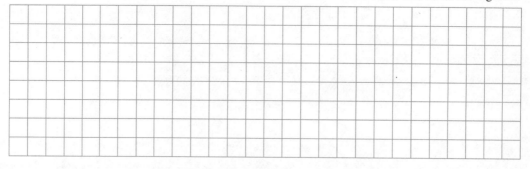

3 On se place dans le cas où $D = 100 \text{ cm}^3/\text{s}$.

a) Dans quel régime se trouve-t-on ?

b) Calculer la durée t_1 pendant laquelle le niveau de l'eau diminue dans le vase de Tantale.

> **Remarque**
> On pourra considérer que la vitesse de l'eau qui sort par l'orifice inférieur du siphon est constante pendant la vidange du vase de Tantale et qu'elle est égale à la vitesse correspondant à la hauteur z moyenne de ce niveau pendant la vidange.

c) Calculer la durée t_2 pendant laquelle le niveau de l'eau augmente dans le vase de Tantale.

d) Quelle est la période T du phénomène étudié ?

e) Pourquoi ces oscillations sont-elles des oscillations de relaxation ?

f) Tracer l'allure du graphe $h = f(t)$.
Échelles : en abscisse   1 cm $\rightarrow$ 5 s.
en ordonnée   1cm $\rightarrow$ 5 cm.

■ Corrigés p. 181

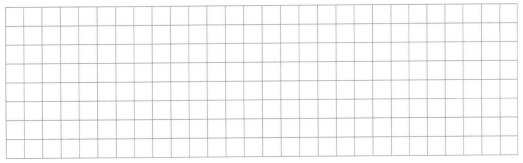

24. Oscillateur de Van der Pol

Pour décrire les régimes intermédiaires entre les oscillations de relaxation et les oscillations entretenues, Van der Pol a proposé une équation différentielle du deuxième ordre à coefficients non constants. Cette équation a un terme d'amortissement négatif conduisant à une croissance des oscillations, mais elle limite ce phénomène en annulant ce terme, puis en le rendant positif à partir d'une certaine amplitude.

Soit l'oscillateur mécanique ci-après :

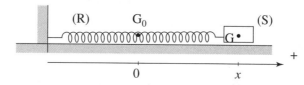

On a un solide (S) de masse m qui peut se déplacer selon un axe horizontal sur une surface plane. Il est accroché à un ressort (R) élastique à spires non jointives de constante de raideur k. Lors de ses déplacements le solide (S) est soumis à une force de frottement fluide :

$$\vec{f} = -h\vec{v}$$

1) Montrer que le mouvement de G est régi par l'équation différentielle

$$m\frac{d^2x}{dt^2} + h\frac{dx}{dt} + kx = 0$$

où x représente l'abscisse de G centre d'inertie au solide (S). On a $x = 0$ quand le système est à l'équilibre, x représente donc l'élongation du ressort (R).

2) Soit E l'énergie mécanique de cet oscillateur.

Faire apparaître à partir de l'équation différentielle précédente les variations $\dfrac{dE_K}{dt}$ et $\dfrac{dE_P}{dt}$ de l'énergie cinétique et de l'énergie potentielle, par rapport au temps de ce système.

En déduire une relation entre $\dfrac{dE}{dt}$, h et v.

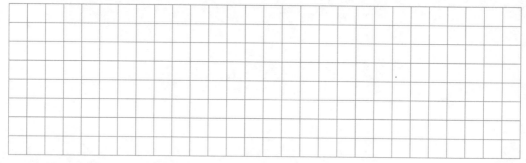

3) Cet oscillateur mécanique peut être assimilé à un oscillateur de Van der Pol si on a :

$$h = \lambda(x^2 - x_0^2)$$

avec λ et x_0 constantes positives.

a) En quelles unités S.I. exprime-t-on h, x_0 et λ ?

b) Tracer l'allure du graphe $h = f(x)$: on indiquera les valeurs remarquables.

c) Que se passe-t-il pour les oscillations si :

α) $|x| < x_0$?

β) $|x| = x_0$?

γ) $|x| > x_0$?

d) En régime permanent, que peut-on dire de la variation de l'énergie mécanique de l'oscillateur moyennée sur une période ? Sur un nombre entier de périodes ? Sur une durée grande par rapport à une période ?

4) a) Écrire l'équation différentielle régissant le mouvement de cet oscillateur en remplaçant h par son expression correspondant à un oscillateur de Van der Pol.

b) Faire apparaître, à partir de cette équation différentielle les variations $\dfrac{dE_K}{dt}$ et $\dfrac{dE_P}{dt}$ de l'énergie cinétique et de l'énergie potentielle du système par rapport au temps. En déduire l'expression de la variation de l'énergie mécanique par rapport au temps : $\dfrac{dE}{dt}$.

c) Faire l'intégrale de dE sur une période.

α) Que vaut $\displaystyle\int_0^T dE$ en régime permanent ?

β) En déduire une relation entre x_m : l'amplitude des oscillations et x_0 dans l'hypothèse où le mouvement oscillatoire est quasi-sinusoïdal, c'est-à-dire que l'on peut poser :

$$x = x_m \cos\omega t \ \text{ avec } \ \omega = \frac{2\pi}{T}.$$

Rappels mathématiques :

$$\sin 2a = 2\sin a \cos a \qquad \sin^2 a = \frac{1 - \cos 2a}{2} \qquad \cos^2 a = \frac{1 + \cos 2a}{2}.$$

■ Corrigés p. 185

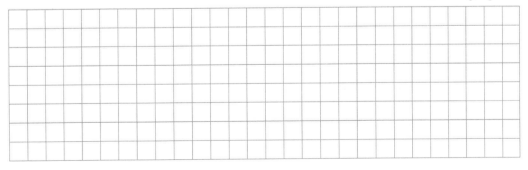

25. RÉSONANCE EN INTENSITÉ

On a résonance en intensité, quand, dans un circuit électrique, l'intensité est maximale, ce qui permet d'en déduire la fréquence de résonance en intensité. Cet exercice propose l'étude de la résonance en intensité, dans un circuit électrique sans bobine, mais avec un amplificateur opérationnel.

Remarque

L'équivalent en mécanique de la résonance en intensité est la résonance en vitesse.

---

1   Soit le montage ci-dessous :

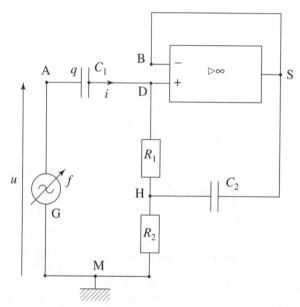

L'amplificateur opérationnel (A.O.) est considéré comme parfait et il fonctionne en régime linéaire ($|U_{SM}| < V_{sat}$).

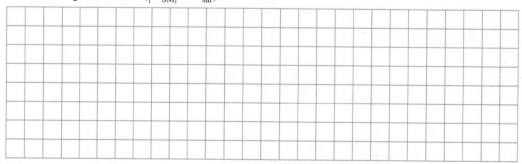

G est un générateur de tension sinusoïdale u de fréquence f variable.

1) Établir l'équation différentielle donnant la tension u en fonction de q, $\dfrac{\mathrm{d}q}{\mathrm{d}t}$ et $\dfrac{\mathrm{d}^2q}{\mathrm{d}t^2}$, q étant la charge du condensateur de capacité C_1.

2) À la résonance en intensité la tension u et l'intensité i sont en phase.

   a) En déduire de l'équation différentielle précédente la relation entre u et i dans ce cas.

   b) Pour quelle fréquence f_0 a-t-on résonance en intensité dans ce circuit ?

   Application numérique :

   $C_1 = 10$ pF ; $C_2 = 500$ nF ; $R_1 = 15$ kΩ ; $R_2 = 20$ kΩ.

   Rappel : Propriétés d'un A.O. parfait en régime linéaire ($|U_{SM}| < V_{sat}$) :

   • les courants d'entrée sont nuls.

   • la tension entre les 2 entrées est nulle.

■ Corrigés p. 189

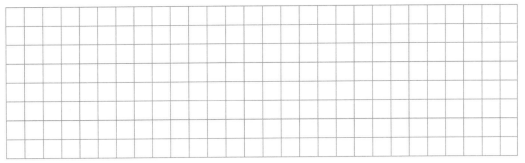

26. Résonance en tension

On a résonance en tension, quand la tension aux bornes d'un dipôle est maximale, ce qui permet d'en déduire la fréquence de résonance en tension, qui est souvent différente de la résonance propre du circuit. Cet exercice propose l'étude de la résonance en tension, aux bornes d'un dipôle dans un circuit contenant un multiplieur.

Remarque

L'équivalent en mécanique de la résonance en tension est la résonance en amplitude.

Soit le montage ci-après :

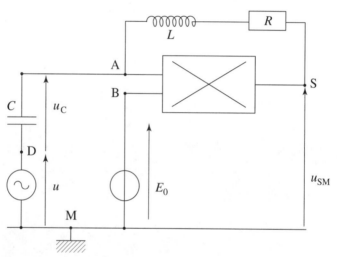

Le multiplieur fonctionne en régime non saturé.

1) Quelle relation a-t-on entre u_{SM}, u_C, u et E_0, avec :
   E_0 : tension aux bornes du générateur de tension continu
   u : tension aux bornes du générateur de tension sinusoïdale de valeur maximale U et de pulsation $\omega = 2\pi N$ (N fréquence).
   u_C : tension aux bornes du condensateur de capacité C.

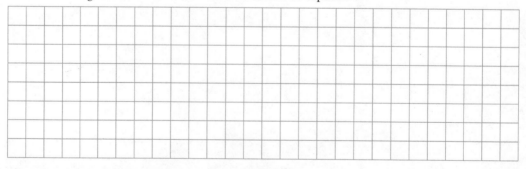

Donnée : propriétés d'un multiplieur non saturé.

– les courants d'entrée sont nuls : $i_1 = i_2 = 0$;

– la tension de sortie u_S vaut $u_S = ku_1 \cdot u_2$

avec k constante.

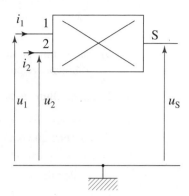

2) Montrer que l'équation différentielle vérifiée par la tension u_C aux bornes du condensateur est de la forme :

$$\frac{\mathrm{d}^2 u_C}{\mathrm{d}t^2} + 2\lambda \frac{\mathrm{d}u_C}{\mathrm{d}t} + \omega_0^2 u_C = -\omega_0^2 u.$$

On exprimera λ et ω_0 en fonction de L, C, R, k et E_0.
Quelle condition doit vérifier le produit kE_0 ?

3) Déduire de l'équation différentielle précédente l'expression de U_C : valeur maximale de u_C en fonction de U : valeur maximale de u, ω_0, λ et ω.
Il est conseillé d'utiliser la notation complexe pour résoudre cette question.

Par la suite, pour effectuer les applications numériques on prendra :
$R = 310\ \Omega$, $L = 0,50$ H, $C = 47$ nF, $U = 1,0$ V et $E_0 = 0$ V. (Sauf pour la dernière question où E_0 est différent de 0 V.)

4) **a)** Déterminer la fréquence de résonance en tension : N_R de cet oscillateur en fonction de ω_0 et λ.

b) Comparer N_R avec $N_0 = \dfrac{\omega_0}{2\pi}$, fréquence propre du circuit.

c) Faire l'application numérique.

5) On cherche la valeur de U_C à la résonance en tension : soit U_{CR}.

a) Donner l'expression de U_{CR} en fonction de U, ω_0 et λ.

b) Faire l'application numérique.

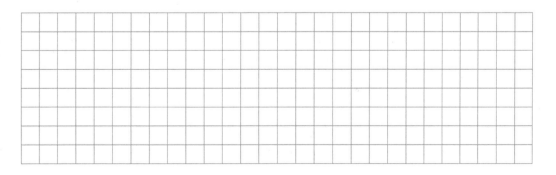

6) **a)** Donner les caractéristiques de la bande passante à 3 dB en fréquence de cet oscillateur : valeurs extrêmes et « largeur » de cette bande passante. Faire les applications numériques.

b) En déduire la valeur numérique du facteur de qualité Q de cet oscillateur. Quel commentaire peut-on faire ?

7) Donner l'allure de la courbe $u_C = f(N)$.

8) On cherche à déterminer le facteur multiplicatif k du multiplieur.
On constate que pour $E_0 = 4{,}0$ V, toutes les autres valeurs numériques ne variant pas, on a la résonance en tension pour $N_R = 804$ Hz.

a) En déduire k.

b) Quelle valeur maximale peut prendre E_0 ?

■ Corrigés p. 192

27. OSCILLATEUR ÉLECTRIQUE À « RÉSISTANCE NÉGATIVE »

Pour entretenir des oscillations électriques, il faut apporter de l'énergie au circuit oscillant ce qui permet de compenser les pertes d'énergie par effet joule. Pour cela on peut réaliser une « résistance négative », c'est-à-dire un dipôle qui se conduit comme une résistance négative à l'aide d'un amplificateur opérationnel.

Soit le montage ci-après :

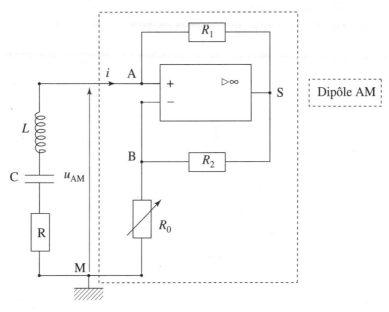

L'amplificateur opérationnel (A.O.) est considéré comme parfait et il fonctionne en régime linéaire ($|U_{SM}| < V_{sat}$).

1) Exprimer u_{AM} en fonction de R_1, R_2, R_0 et i.

2) Montrer que l'on peut écrire $u_{AM} = -xi$.
   Exprimer x en fonction de R_1, R_2 et R_0.

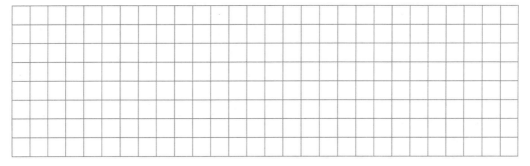

3) a) Pour quelle valeur de R_0 a-t-on des oscillations électriques sinusoïdales ?

b) Que vaut la fréquence N_0 de ces oscillations sinusoïdales ?

4) a) Montrer que le dipôle AM se conduit comme un générateur.

b) D'où provient son énergie ?

c) D'où vient l'expression, parfois employée, de « résistance négative »?

Données numériques :
$R_1 = 10$ kΩ ; $R_2 = 20$ kΩ ;
$L = 63$ mH ; $C = 0,20$ μF ; $R = 120$ Ω.

Rappel : propriétés d'un A.O. parfait en régime linéaire ($|U_{SM}| < V_{sat}$) :
• les courants d'entrée sont nuls ;
• la tension entre les deux entrées est nulle.

■ Corrigés p. 199

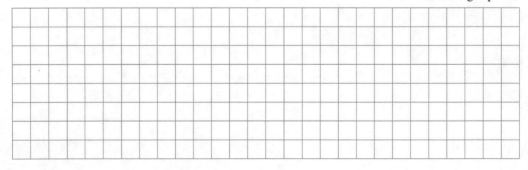

Troisième partie

Lumières visibles et invisibles

28. INTERFÉRENCES LUMINEUSES : TROUS D'YOUNG

Thomas Young, médecin anglais, découvrit le phénomène d'interférences lumineuses à l'aide du dispositif dit des trous d'Young. Ce dispositif peut être remplacé par deux fentes fines parallèles éclairées par une source lumineuse : on obtient alors un phénomène identique mais plus lumineux.
Ce phénomène montre la nature ondulatoire de la lumière.

1) Une source ponctuelle S monochromatique, de longueur d'onde λ, éclaire une plaque (P) opaque percée de 2 petits trous S_1 et S_2 séparés de a.
Montrer que ces 2 trous S_1 et S_2 se comportent comme 2 sources cohérentes.

2) On observe les franges d'interférences sur un écran plan (E) parallèle à la plaque (P).
On appelle b la distance de S à la plaque (P) et D la distance de la plaque (P) à l'écran (E).
On considérera que D est très supérieur à a.
D'où le montage expérimental :

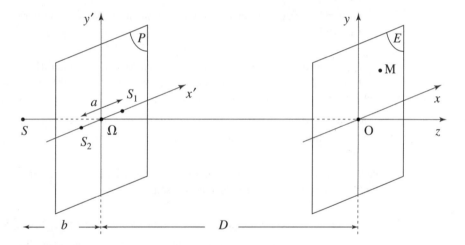

Sur l'écran (E) on définit un repère orthonormé (O, x, y, z).
Oz est perpendiculaire à l'écran E, ainsi qu'à la plaque (P), les points Ω et O sont alignés.
Ox, perpendiculaire à Oz, est parallèle à l'axe $\Omega x'$.

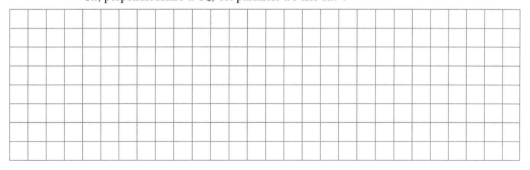

$\Omega x'$, axe porté par la plaque (P), est défini par la droite passant par les 2 trous ponctuels S_2 et S_1.

Déterminer en un point M de l'écran (E) :

– la différence de marche δ ;

– l'ordre d'interférence p ;

– l'intensité lumineuse I ;

ainsi que l'interfrange i sur l'écran (E) dans les cas ci-après :

a) La source S est sur l'axe Oz (S, Ω et O sont alignés et on a $S\Omega = b$).

b) La source S est déplacée d'une distance x_s suivant un axe parallèle à Ox, par rapport au cas **a)**.

c) La source S est déplacée d'une distance y_s suivant un axe parallèle à Oy par rapport au cas **a)**.

d) La source S est déplacée d'une distance z_s suivant l'axe Oz, par rapport au cas **a)**.

> **Remarque**
> Pour déterminer l'intensité lumineuse on assimilera la lumière à une onde sinusoïdale.

Applications numériques : dans chaque cas on calculera la différence de marche et l'ordre d'interférence au point M de coordonnées $x = 3{,}00$ cm et $y = 4{,}00$ cm et l'interfrange avec les données suivantes :

$\lambda = 0{,}589\ \mu\text{m}$; $a = 0{,}40\ \text{mm}$; $b = 20{,}0\ \text{cm}$; $D = 2{,}00\ \text{m}$; $x_s = 5{,}0\ \text{mm}$;
$y_s = 5{,}0\ \text{mm}$; $z_s = 5{,}0\ \text{mm}$.

3) Dans quel(s) cas le système de franges est-il déplacé ? Déterminer, en cas de déplacement, l'importance de ce décalage et son sens.

4) On replace la source S dans sa position initiale (S situé sur l'axe Oz et $\Omega S = b$).

On place alors devant le petit trou S_1 une lame de verre à faces parallèles, parallèle à (P), d'épaisseur e et d'indice de réfraction n.

a) Déterminer la nouvelle position de la frange brillante centrale.

b) Devant le petit trou S_2 on place une autre lame de verre à faces parallèles, parallèle à (P), d'épaisseur e' et d'indice n'. Déterminer e' pour que la frange centrale retrouve sa position initiale.

Application numérique : on prendra $n = 1,52$ $n' = 1,67$ $e = 0,350$ mm.

5) La source S est toujours dans sa position initiale. On a retiré les lames de verre à faces parallèles. On fait tourner l'écran E d'un angle α autour de l'axe Oy.

a) Que se passe-t-il pour le système de franges ?

b) Déterminer α pour que l'interfrange double de valeur.

Rappels mathématiques :

- $(1 + \varepsilon)^n = 1 + n\varepsilon$ si $\varepsilon \ll 1$

- $\cos\alpha + \cos\beta = 2\cos\left(\dfrac{\alpha - \beta}{2}\right) \cdot \cos\left(\dfrac{\alpha + \beta}{2}\right)$.

■ Corrigés p. 202

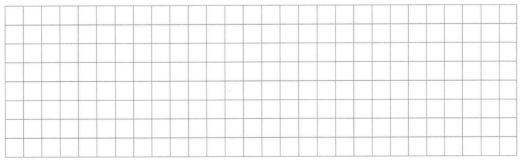

29. ANNEAUX D'INTERFÉRENCES

Le dispositif créant les anneaux d'interférences est semblable au dispositif des trous d'Young créant des franges parallèles d'interférences, mais cette fois-ci, l'écran est perpendiculaire à l'axe reliant les deux sources secondaires. Dans la pratique, ce système d'interférences est plus difficile à réaliser.

On a un dispositif expérimental qui permet de réaliser 2 sources ponctuelles S_1 et S_2 cohérentes et en phase.

On observe alors sur un écran (E) perpendiculaire à l'axe passant par S_1 et S_2 une figure d'interférences lumineuses.

On appelle Ω le milieu du segment S_1S_2 et O le point d'intersection de l'axe Ωx passant par S_1S_2 avec l'écran E.

Soit D la distance entre Ω et O : elle sera considérée comme très grande par rapport à la distance entre S_1 et S_2, et d la distance ΩM.

La position d'un point M sur l'écran sera donnée par sa distance $r = OM$ et on appelle θ l'angle entre ΩO et ΩM.

D'où la figure :

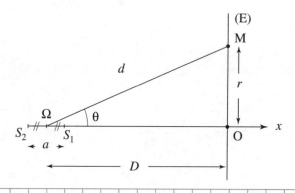

La longueur d'onde de la lumière monochromatique des 2 sources S_1 et S_2 vaut $\lambda = 0,546$ µm.

On peut régler la distance $S_1 S_2 = a$ à l'aide d'une vis micrométrique précisée au micromètre.

1) Soit δ la différence de marche en M entre les ondes lumineuses émises par les sources lumineuses S_2 et S_1.

    a) Définir δ en fonction de $d_1 = S_1 M$ et de $d_2 = S_2 M$.

    b) Quelle relation doit-on avoir entre δ et λ pour obtenir :

        α) Une interférence constructive en M ?

        β) Une interférence destructive en M ?

    c) Quelle est la forme des franges d'interférences observées ?

2) a) Que vaut la différence de marche δ en O ?

    b) Pour quelles valeurs de a a-t-on une interférence constructive on O ? Que vaut alors l'ordre d'interférence $p_0 = \dfrac{\delta}{\lambda}$?

3) On se place dans le cas où on a une interférence constructive en O (cas étudié au **2.b**).

    a) Déterminer en fonction de p_0 et λ, la différence de marche δ_1 en un point de la 1re frange brillante observée à partir de O.

    b) Déterminer en fonction de p_0, λ, et k la différence de marche δ_k en un point de la $k$ième frange brillante observée à partir de O.

    c) Déterminer cette même différence de marche δ_k en fonction de a et θ_k, θ_k étant l'angle entre ΩO et ΩM, M point appartenant à la $k$ième frange brillante à partir de O.

    d) On admet que l'angle θ_k est petit.

        α) Donner l'expression de θ_k en fonction de a et δ_k.

        β) En déduire la distance $r_k = OM$, M étant sur la $k$ième frange brillante, en fonction de a, D, k et λ.

        γ) En déduire en r_k fonction de k et r_1 (r_1 étant la distance OM, avec $k = 1$).

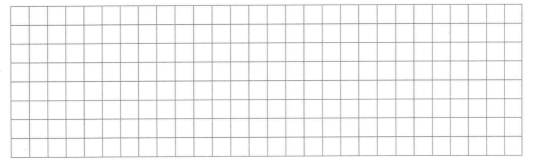

e) **Étude des franges sombres**

α) Déterminer en fonction de p_0 et λ la différence de marche δ'_1 en un point de la frange sombre observée à partir de O.

β) Déterminer en fonction de p_0, λ et k la différence de marche δ'_k en un point de la $k^{\text{ième}}$ frange sombre observée à partir de O.

γ) En déduire la distance $r'_k = $ OM, M étant sur la $k^{\text{ième}}$ frange sombre en fonction de a, D, k et λ.

δ) Donner la relation entre r'_k et r_1. (r_1 est la distance de O à M, M étant sur la 1re frange brillante).

f) Calculer r_1, r_2, r_3, r_4 ainsi que r'_1, r'_2, r'_3 et r'_4.

Donner alors, à l'échelle 1 :1 la figure d'interférences observées sur l'écran en se limitant aux 4 premières franges d'interférences brillantes et aux 4 premières franges d'interférences sombres.

Données : $D = 1,20$ m $a = 1,400$ mm.

Rappels mathématiques :

- $(1 + \varepsilon)^n = 1 + n\varepsilon + \dfrac{n(n-1)}{2}\varepsilon^2$ si $\varepsilon \ll 1$

- $\cos\theta = 1 - \dfrac{\theta^2}{2}$ si $\theta \ll 1$ avec θ en radian.

- Relation de Pythagore généralisée $a^2 = b^2 + c^2 - 2bc\cos\theta$ (θ angle opposé au côté a).

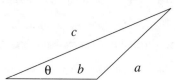

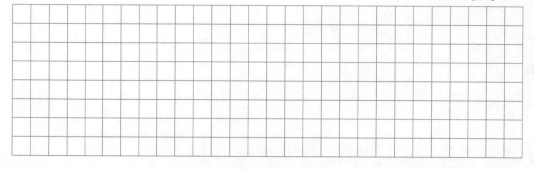

■ Corrigés p. 211

30. INTERFÉROMÉTRIE STELLAIRE

L'interférométrie stellaire permet de mesurer avec précision la distance angulaire entre deux étoiles. Elle permet aussi de mesurer le diamètre apparent d'un astre.

On considère deux fentes fixes F_1 et F_2 (fentes d'Young) éclairées par une étoile E considérée comme ponctuelle. L'axe de symétrie du système est disposé de manière à passer par l'étoile E.

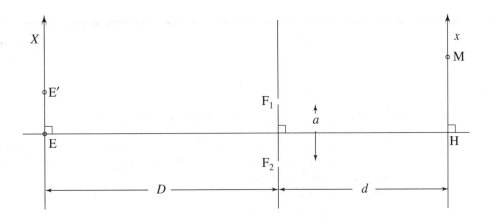

On filtre la lumière provenant de l'étoile de façon à n'utiliser que la longueur d'ordre λ. L'observation est effectuée sur un écran situé à une distance d du plan des fentes.

On note D la distance de l'étoile E au plan des fentes.

On pose $\overline{HM} = x$ et $F_1F_2 = a$.

La distance d est très grande devant a et x (il en est évidemment de même pour D !).

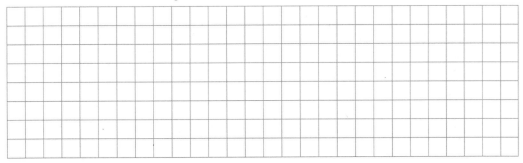

1 Étude du dispositif interférentiel

1) Exprimer en fonction de a, x et d la différence de marche δ entre les rayons EF_2M et EF_1M.

2) Les 2 ondes correspondantes, issues d'un même point source, peuvent se retrouver en phase au point M : à quelles conditions ?

2 Mesure d'une distance angulaire

Une deuxième étoile E', de même intensité lumineuse que E, se trouve sur l'axe EX parallèle à l'axe HM (*cf.* figure précédente).
On pose $\overline{EE'} = X$; ici encore, grâce au filtre, seule la longueur d'onde λ intervient.

1) Exprimer en fonction de a, x, d, X et D la différence de marche δ' entre les rayons $E'F_2M$ et $E'F_1M$.

Exprimer les conditions pour que ces 2 rayons soient en phase en M.

2) On appelle distance angulaire entre les 2 étoiles E et E' l'angle $\beta = \dfrac{X}{D}$.

La distance a entre les fentes est réglable : en partant d'une valeur de a quasi-nulle, on écarte progressivement les deux fentes jusqu'à observer la disparition des franges d'interférences sur l'écran quand $a = a_1$.

Montrer que l'on peut en déduire une mesure de la distance angulaire β.

Application numérique : pour $\lambda = 0,546$ μm on obtient le brouillage des franges pour $a_1 = 1,95$ m.

En déduire la valeur de la distance angulaire entre les 2 étoiles E et E'.

3 Mesure d'un diamètre apparent

On observe une étoile e, sphérique, dont un diamètre, porté par EX, s'étend de E à E'.
On pose $EE' = \Delta$.

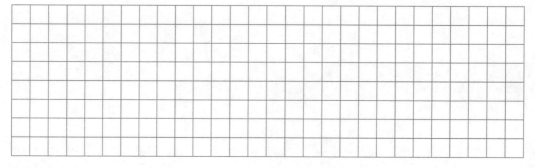

On appelle diamètre apparent de l'étoile e l'angle $\alpha = \dfrac{\Delta}{D}$.

On assimile l'étoile à un segment homogène de longueur EE'.

Comme précédemment le dispositif est rendu monochromatique par filtrage autour de la longueur d'onde λ.

1) Peut-on considérer que les différents points de l'étoile e émettent des ondes cohérentes entre elles ?

2) Montrer que pour une valeur minimale particulière : a_2 de a, le système de franges est totalement brouillé.

Pour cela on considérera que l'étoile de diamètre X peut être assimilée à 2 sources symétriques distantes de $\dfrac{X}{2}$.

3) On a $\lambda = 0{,}546\ \mu m$. Quel est le plus petit diamètre apparent α que l'on peut mesurer sachant que la valeur maximale de a est $a_{max} = 6{,}0\ m$?

■ Corrigés p. 217

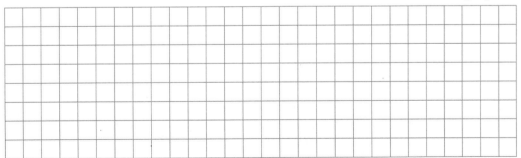

31. SPECTRE DES ÉNERGIES DE ROTATION D'UNE MOLÉCULE

L'étude de ce spectre montre que les énergies de rotation d'une molécule, ici la molécule diatomique de monooxyde de carbone, ne prennent que certaines valeurs. En recherchant les longueurs d'onde des radiations associées au passage d'un niveau d'énergie à un autre, on montre la nature corpusculaire de la lumière.

Une molécule d'un gaz diatomique comme le monooxyde de carbone peut effectuer différentes rotations, notamment autour de l'axe (Δ) perpendiculaire à l'axe reliant les 2 atomes et passant par le centre de masse G de la molécule.

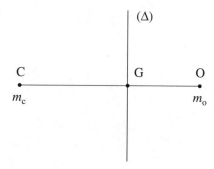

L'énergie cinétique de rotation par rapport à cet axe (Δ) est donnée par la relation :

$$E_k = \frac{1}{2} I_{(\Delta)} \cdot \omega^2$$

avec $I_{(\Delta)}$: moment d'inertie de la molécule par rapport à l'axe (Δ). En appelant m_c et m_o les masses respectives des atomes de carbone et d'oxygène et d la distance entre ces 2 atomes on a :

$$I_{(\Delta)} = \frac{m_c \cdot m_o}{m_c + m_o} \cdot d^2 = \mu d^2$$

et ω : vitesse de rotation angulaire de la molécule autour de l'axe (Δ).

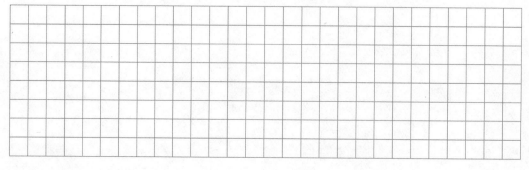

Ce modèle dit « classique » n'est cependant pas correct ; on constate qu'en réalité cette énergie cinétique de rotation est quantifiée. Le modèle dit « quantique », obtenu à partir du mécanisme quantique, donne comme expression pour cette énergie cinétique de rotation :

$$E_k = \frac{h^2}{8\pi^2} \cdot \frac{1}{I_{(\Delta)}} \cdot J(J+1) \quad (1)$$

avec h constante de Planck et J nombre quantique associé à un état d'énergie de rotation de la molécule (J est un nombre entier positif ou nul).

1) Vérifier que la relation (1) est bien homogène.

2) Que signifie énergie « quantifiée » ?

3) Déterminer la valeur numérique du moment d'inertie $I_{(\Delta)}$ de cette molécule.

4) Quand la molécule perd de l'énergie en passant d'un état d'énergie de rotation à un autre d'énergie plus faible, elle émet un photon d'énergie $E = h\nu$, ν étant la fréquence de l'onde électromagnétique associée à ce photon.
Déterminer la fréquence ν_{10} et la longueur d'onde λ_{10} de l'onde électromagnétique émise quand la molécule passe de l'état de rotation $J = 1$ à l'état de rotation fondamental $J = 0$.

5) Exprimer en fonction de J l'écart énergétique entre 2 niveaux d'énergie successifs. Les niveaux d'énergie sont-ils équidistants ?

6) Représenter le diagramme des niveaux d'énergie de rotation de la molécule de monooxyde de carbone depuis le niveau fondamental $J = 0$ jusqu'au 5ᵉ niveau excité (qui correspond à $J = 5$). On exprimera les énergies en eV et on prendra comme échelle 1 cm → 0,200 meV.

7) Dans quel domaine se situent les radiations émises par cette molécule quand elle se désexcite quand elle passe d'un niveau excité (on prendra comme plus grande valeur $J = 5$) à niveau inférieur.

Données :
– masses molaires atomiques : $M_c = 12$ g/mol $M_o = 16$ g/mol ;
– nombre d'Avogadro : $\mathcal{N} = 6,02 \cdot 10^{23}$ mol⁻¹ ;
– constante de Planck : $h = 6,62 \cdot 10^{-34}$ J · s ;
– distance $d = 123$ pm ;
– vitesse de la lumière dans l'air $c = 3,00 \cdot 10^8$ m/s ;
– charge élémentaire : $e = 1,60 \cdot 10^{-19}$ C.

■ Corrigés p. 221

CORRIGÉS

1. ARISTARQUE DE SAMOS ET LE RAYON DE LA LUNE

1) Vérification des observations d'Aristarque de Samos

• La Lune peut être occultée par une pièce de 10 F (diamètre $d = 23$ mm) située à une distance $D \approx 2,60$ m devant l'œil.

Le diamètre apparent de la Lune vaut donc :

$$\alpha = \frac{d}{D} = \frac{23}{2\ 600} = 8,8 \cdot 10^{-3} \text{ rad} \approx 0,5°.$$

• La Lune fait un tour complet autour de la Terre en environ 29 jours et demi soit $29,5 \times 24 = 708$ heures.

En un tour complet la Lune décrit un angle de 360°. On a donc une vitesse angulaire de

$$\frac{360}{708} \approx 0,5°$$

Donc, en 1 heure, la Lune se déplace d'environ son diamètre.

2) Méthode d'Aristarque de Samos

a) *Éclipse totale de la Lune*

Une éclipse totale de la Lune est obtenue quand la Lune est dans la zone d'ombre créée par la Terre quand elle est située entre le Soleil et la Terre : *cf.* schéma ci-après.

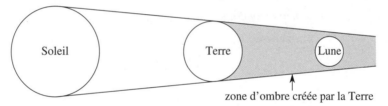

zone d'ombre créée par la Terre

b) *Détermination du rayon R_L de la Lune*

Si le Soleil est à l'infini on peut considérer que ses rayons sont parallèles au voisinage de la Terre.

Considérons une éclipse totale de la Lune de durée maximale 2 heures.

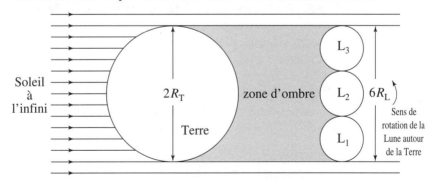

À $t = 0$ quand l'éclipse totale commence la Lune vient de rentrer entièrement dans la zone d'ombre de la Terre : position L_1.

85

Au bout d'une heure elle s'est déplacée de son diamètre : position L_2.

Au bout de 2 heures elle s'est déplacée d'un diamètre de plus : position L_3.

Quand la Lune commence à sortir de la zone d'ombre, l'éclipse n'est plus totale.

On a donc « 3 Lunes » dans la zone d'ombre de la Terre assimilable à un cylindre de diamètre égal à celui de la Terre.

D'où $6R_L = 2R_T$

soit : $R_L = \dfrac{R_T}{3}$. (1)

c) *Détermination de la distance Terre-Lune : d_{TL}*

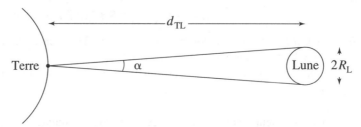

De la Terre le diamètre apparent de la Lune vaut :

$$\alpha = \dfrac{2R_L}{d_{TL}}$$

d'où : $d_{TL} = \dfrac{2R_L}{\alpha}$ (2) (avec α en radian).

d) *Valeurs numériques de R_L et d_{TL}*

Sachant que $R_T = 6\,400$ km.

De (1) on a : $R_L = \dfrac{6\,400}{3} \approx$ **2 100 km.**

De (2) on a : $d_{TL} = \dfrac{2R_L}{\alpha} = \dfrac{2R_T}{3\alpha}$

soit : $d_{TL} = \dfrac{2 \times 6\,400}{3 \times 8,8 \cdot 10^{-3}} \approx$ **480 000 km.**

e) *Corrections dues au fait que le Soleil n'est pas à l'infini*

Si le Soleil n'est pas à l'infini, la zone d'ombre de la Terre n'est pas un cylindre, mais un cône convergent.

Dans ce cas la zone d'ombre au niveau de la Lune sera de dimension plus faible.

Cela implique : $6R_L < 2R_T$

d'où : $R_L < \dfrac{R_T}{3}$ et $d_{TL} < \dfrac{2R_L}{\alpha}$ soit $d_{TL} < \dfrac{2R_L}{3\alpha}$.

Les valeurs réelles du rayon de la Lune et de la distance Terre-Lune sont donc inférieures à celles trouvées par Aristarque de Samos.

Remarque

Les valeurs réelles sont :

– pour le rayon de la Lune : 1 750 km ;

– pour la distance Terre-Lune : 385 000 km (valeurs moyennes).

2. RÉGATES EN MER

1) Surface de la mer parcourue par les bateaux : plane ou non ?

Les distances parcourues par les 2 bateaux sont de l'ordre d'une vingtaine de km sur une même zone de la mer.

Les distances là sont très petites par rapport au rayon terrestre ($R_T = 6\,370$ km), on peut donc assimiler dans cette zone l'arc à une corde et la calotte sphérique à un plan horizontal.

Remarque

2 droites verticales situées à 20 km l'une de l'autre font entre elles un angle de $\dfrac{20}{6\,370} \approx 3 \cdot 10^{-3}$ rad soit environ $10'$ ($\dfrac{1}{6}$ de degré) ; cette zone, vue ses dimensions, peut bien être assimilée à un plan horizontal.

2) Position initiale et direction des navires

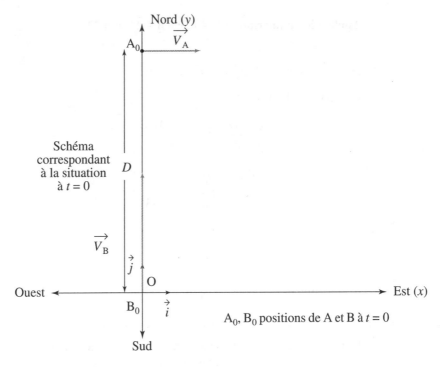

Schéma correspondant à la situation à $t = 0$

A_0, B_0 positions de A et B à $t = 0$

3) a) *Instant t_1 correspondant à la distance minimale entre les 2 navires*

Définissons un repère orthonormé Ox, Oy avec O confondu avec B à $t = 0$.

Ox axe orienté vers l'Est ;

Oy axe orienté vers le Nord (*cf.* schéma).

Les coordonnées de A à l'instant t sont : $A \begin{cases} x_A = V_A t \\ y_A = D. \end{cases}$

Les coordonnées de B à l'instant t sont : $B \begin{cases} x_B = 0 \\ y_B = V_B t. \end{cases}$

La distance Δ entre les 2 navires à l'instant t vaut :

$$\Delta = \sqrt{(x_A - x_B)^2 + (y_A - y_B)^2}$$

d'où $\Delta^2 = V_A^2 t^2 + (D - V_B t)^2$ (1)

Si Δ est minimal, Δ^2 est minimal aussi. Il en résulte $\dfrac{d(\Delta^2)}{dt} = 0$ quand Δ, donc Δ^2 est minimal.

Soit $2V_A^2 t - 2V_B (D - V_B t) = 0$.

Comme $t = t_1$ quand Δ^2, donc quand Δ, est minimal.

On a : $t_1 = \dfrac{V_B \cdot D}{V_A^2 + V_B^2}$ (2)

Application numérique : $t_1 = 0{,}356$ h $= 21$ min 20 s.

b) *Distance minimale Δ_{mini} entre les 2 navires*

Des égalités (1) et (2) on a :

$$\Delta^2_{mini} = \frac{V_A^2 V_B^2 D^2}{(V_A^2 + V_B^2)^2} + \left(D - \frac{V_B^2 D}{V_A^2 + V_B^2} \right)^2$$

d'où $\Delta^2_{mini} = \dfrac{V_A^2 V_B^2 D^2 + V_A^4 D^2}{(V_A^2 + V_B^2)^2} = \dfrac{V_A^2 (V_A^2 + V_B^2)D^2}{(V_A^2 + V_B^2)^2}$

soit $\Delta_{mini} = \dfrac{V_A D}{\sqrt{V_A^2 + V_B^2}}.$

Application numérique : $\Delta_{mini} = 7{,}155$ km.

4) a) *Cap que doit prendre Barnabé pour rejoindre Albert*

Pour que les 2 navires puissent se rejoindre il faut qu'à un instant t_2 les coordonnées des deux navires soient identiques.

Les coordonnées de A et B sont respectivement :

$$A \begin{cases} x_A = V_A t \\ y_A = D \end{cases} \qquad B \begin{cases} x_B = V_B'\, \sin\theta \cdot t = V_B \cos\theta \sin\theta \cdot t \\ y_B = V_B'\, \cos\theta \cdot t = V_B \cos^2\theta \cdot t. \end{cases}$$

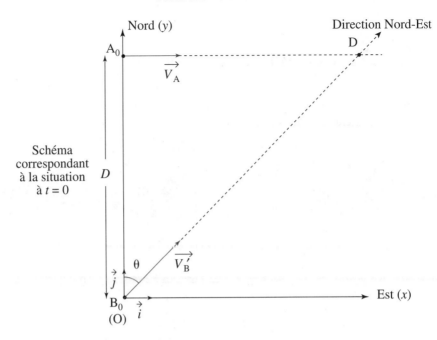

Il faut donc, à l'instant t_2, instant de rencontre des 2 navires, que :

$$x_A = x_B \quad \text{soit} \quad V_A = V_B \cos\theta \sin\theta \quad (3)$$

et $\quad y_A = y_B \quad$ soit $\quad D = V_B \cos^2\theta \cdot t_2 \quad (4)$.

Comme $\cos\theta \sin\theta = \dfrac{\sin 2\theta}{2}$ l'égalité (3) donne :

$$\sin 2\theta = \frac{2V_A}{V_B}.$$

Application numérique : $\sin 2\theta = 1 \quad$ soit $\quad 2\theta = 90°$

soit $\quad \boldsymbol{\theta = 45°}$.

> **Remarque**
> Ce résultat est valable car $\theta < 60°$. Barnabé met donc le cap vers le **Nord-Est.**

b) *Instant t_2 de la rencontre des 2 navires*

De l'égalité (4) on a : $t_2 = \dfrac{D}{V_B \cos^2\theta}$.

Application numérique : $t_2 = \textbf{0,889 h} = \textbf{53 min 20 s.}$

c) *Point de rencontre* H

$$\begin{cases} x_H = V_A \cdot t_2 \\ y_H = D. \end{cases}$$

D'où : $\quad x_H = \textbf{16 km} \quad y_H = \textbf{16 km.}$

3. GRAVIMÈTRE À RESSORT

1) **Relation liant α, β, l et a :**

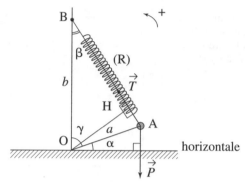

La tige OA qui peut tourner autour de O est en équilibre si :

$$\sum \overline{\mathfrak{M}}_{/O} = 0$$

soit $\overline{\mathfrak{M}}_{\vec{T}/O} + \overline{\mathfrak{M}}_{\vec{P}/O} = 0$, $\vec{T}$ et $\vec{P}$ étant les 2 forces appliquées à la tige OA et dont le support ne passe pas par O.

D'où avec le sens positif de rotation choisi :

$$T \cdot \text{OH} - P \cdot \text{OE} = 0. \quad (1)$$

Comme $T = k(l - l_0)$, $P = mg$

$$\text{OH} = b \sin\beta \quad \text{et} \quad \text{OE} = a \cos\alpha.$$

La relation (1) devient :

$$k(l - l_0)b \sin\beta - mga \cos\alpha = 0. \quad (2)$$

2) a) *Expression de $\dfrac{l}{l_0}$ dans le cas où α est très petit*

Si α est très petit, l'angle γ est pratiquement un angle droit et $\cos\alpha \approx 1$.

Il en résulte $\sin\beta \approx \dfrac{a}{l}$.

L'égalité (2) devient :

$$\frac{k(l - l_0)b \cdot a}{l} = mga$$

soit : $\qquad\qquad k(l - l_0)b = mgl$

d'où : $\qquad\qquad l(kb - mg) = kbl_0.$

On obtient la relation cherchée :

$$\frac{l}{l_0} = \frac{kb}{kb - mg}. \quad (3)$$

b) *Condition d'équilibre*

La longueur du ressort est positive.

On a donc $\dfrac{l}{l_0} > 0$, ce qui implique d'après l'égalité (3) : $kb > mg$.

> **Remarque**
>
> kb est supérieur à $kb - mg$, cela implique que l est supérieur à l_0 quand l'équilibre du levier OA est réalisé.

3) Expression de α en fonction de a, b et l

Utilisons le théorème de Pythagore généralisé dans le triangle OAB :

$$AB^2 = OA^2 + OB^2 - 2OA \cdot OB \cos\gamma$$

soit : $\qquad l^2 = a^2 + b^2 - 2ab\cos\gamma$.

Comme $\quad \alpha + \gamma = \dfrac{\pi}{2} \quad$ on a : $\gamma = \dfrac{\pi}{2} - \alpha$

d'où : $\qquad \cos\gamma = \sin\alpha$

soit : $\qquad 2ab\sin\alpha = a^2 + b^2 - l^2$

α étant petit on a $\sin\alpha \approx \alpha$ (en radian).

d'où : $\qquad \alpha = \dfrac{a^2 + b^2 - l^2}{2ab}.$ $\quad$ (4)

4) Valeur du champ de pesanteur terrestre

Si $\alpha = 0$ la relation (4) donne :

$$a^2 + b^2 - l^2 = 0$$

d'où $\qquad\qquad\qquad\qquad l = \sqrt{a^2 + b^2}.$

Soit en utilisant la relation (3)

$$\frac{\sqrt{a^2 + b^2}}{l_0} = \frac{kb}{kb - mg}$$

d'où : $\qquad\qquad\qquad kb - mg = \dfrac{kbl_0}{\sqrt{a^2 + b^2}}$

soit : $\qquad\qquad\qquad mg = kb - \dfrac{kbl_0}{\sqrt{a^2 + b^2}}$

d'où finalement :

$$g = \frac{kb}{m}\left(1 - \frac{l_0}{\sqrt{a^2 + b^2}}\right).$$

Application numérique : $g = \dfrac{61{,}7 \times 0{,}897}{20{,}0 \cdot 10^{-3}}\left(1 - \dfrac{1{,}00}{\sqrt{0{,}450^2 + 0{,}897^2}}\right)$

$$g = 9{,}78 \ \text{N} \cdot \text{kg}^{-1}.$$

4. CLEPSYDRE

1) Équation de l'enveloppe du réservoir de la clepsydre

Quand le niveau de l'eau est à la côte z, la vitesse de l'eau à la sortie de l'orifice O vaut :

$$v_0 = \sqrt{2gz}.$$

(En effet pour une chute libre sous vitesse initiale, on a $v_0 = gt$ et $z = \frac{1}{2}gt^2$, d'où en

éliminant t : $t = \sqrt{\dfrac{2z}{g}}$ on a : $v_0 = g\sqrt{\dfrac{2z}{g}} = \sqrt{2gz}$.)

Pendant la durée dt, le volume dV d'eau sortant de l'orifice O est :

$$dV = sv_0\,dt$$

soit $\quad dV = s\sqrt{2gz}\,dt. \quad$ (2)

Pendant cette même durée dt, le volume d'eau dans le réservoir diminue de dV, l'eau étant incompressible.

Soit $\quad dV = \pi r^2\,dz$

d'où : $\quad dV = \pi b^2 z^{2n}\,dz. \quad$ (3)

En comparant les égalités (2) et (3) on a : $\quad s\sqrt{2gz}\,dt = \pi b^2 z^{2n}\,dz$

soit : $\qquad\qquad\qquad\qquad\qquad \sqrt{2g}\cdot sz^{\frac{1}{2}} = \pi b^2 \dfrac{dz}{dt}z^{2n}.$

La diminution du niveau d'eau étant proportionnelle à la durée on a :

$$\frac{dz}{dt} = \frac{\Delta z}{\Delta t} = k \text{ constante.}$$

On a donc $\quad \sqrt{2g}sz^{\frac{1}{2}} = \pi b^2 k z^{2n}$

ou encore : $\quad Az^{\frac{1}{2}} = Bz^{2n}$ avec A et B constantes.

Cette dernière relation implique, pour qu'elle soit vérifiée, que les puissances de z soient égales et que les coefficients A et B soient égaux ; d'où :

$$\frac{1}{2} = 2n$$

soit $\qquad \boldsymbol{n = \dfrac{1}{4}}$

et $\qquad A = B$

soit $\qquad \sqrt{2g}\cdot s = \pi b^2 k$

d'où $\qquad\qquad \boldsymbol{b = \sqrt{\dfrac{\sqrt{2g}\cdot s}{\pi \cdot k}}.}$

Application numérique : Comme $k = 1$ cm/min $= 1{,}67 \cdot 10^{-4}$ m/s

$$b = 0{,}411 \text{ m}^{\frac{3}{4}}.$$

Comme $\quad 1$ m $= 100$ cm

$$1 \text{ m}^{\frac{3}{4}} = 100^{\frac{3}{4}} \text{ cm}^{\frac{3}{4}} = 31{,}6 \text{ cm}^{\frac{3}{4}}$$

soit : $\quad b = 13{,}0 \text{ cm}^{\frac{3}{4}}.$

On a donc les 2 expressions cherchées :

$$r = 0{,}411 \; z^{\frac{1}{4}} \quad (r \text{ et } z \text{ en m})$$

ou $\qquad r = 13{,}00 z^{\frac{1}{4}} \quad (r \text{ et } z \text{ en cm}).$

2) Hauteur H et rayon maximal R de la clepsydre

Le niveau de l'eau baissant de 1 cm par minute, en 1 heure le niveau de l'eau baisse de $60 \times 1 = 60$ cm.

D'où $\quad H = 60$ cm $= 0{,}60$ m.

On en déduit : $\quad R = 13{,}00 H^{\frac{1}{4}} \quad (R \text{ et } H \text{ en cm})$

soit : $\qquad\qquad R = 36{,}2$ cm.

3) Volume d'eau contenu par la clepsydre quand son réservoir est plein

Le volume d'eau contenu dans une tranche dz de rayon $r = bz^{\frac{1}{4}}$ de la clepsydre vaut :

$$dV = \pi r^2 \, dz$$

soit $\qquad\qquad dV = \pi b^2 z^{\frac{1}{2}} \, dz$

d'où le volume d'eau contenu dans la clepsydre quand elle est pleine : (c'est-à-dire quand $z = H$) :

$$V = \int_{z=0}^{z=R} \pi b^2 z^{\frac{1}{4}} \, dz$$

soit $\qquad\qquad V = \pi b^2 \dfrac{\left[z^{\frac{3}{2}} \right]_0^H}{\frac{z}{2}}$

d'où : $\qquad\qquad V = \dfrac{2}{3} \pi b^2 H^{\frac{3}{2}}.$

Application numérique : En exprimant H en cm et b en cm$^{\frac{3}{4}}$.

$$V = \dfrac{2}{3}\pi \cdot 13{,}00^2 \times 60^{\frac{3}{2}}$$

$$V = 164{,}5 \cdot 10^3 \text{ cm}^3 = 164{,}5 \text{ L.}$$

5. MESURE DE g AVEC UN ROBINET

1) Diminution du filet d'eau

En négligeant tout frottement, on peut assimiler l'eau à un corps tombant en chute libre, avec une vitesse initiale dirigée vers le bas.

L'eau subit donc une accélération $\vec{g}$: sa vitesse augmente donc au cours de sa chute.

La conservation de la masse d'eau implique qu'à chaque niveau la quantité d'eau passant par unité de temps est constante.

Donc plus h est grand, plus la vitesse de l'eau est grande, et plus le filet d'eau a son diamètre D qui diminue.

2) Détermination de g

a) *Vitesse v du filet d'eau à une distance h du robinet*

On se place dans le repère terrestre assimilable à un repère galiléen.

Appliquons le théorème de l'énergie cinétique à une masse m d'eau tombant à partir du robinet d'une hauteur h.

$$\Delta E_{\mathrm{k}} = \sum W_{\vec{F}}.$$

Lors de sa chute libre, la seule force appliquée à l'eau est son poids.

Le travail fourni par une masse d'eau m lors d'une chute d'une hauteur h vaut

$$W = mgh \quad \text{d'où} \quad \Delta E_{\mathrm{k}} = \frac{1}{2}mv^2 - \frac{1}{2}mv_0^2 = mgh$$

il en résulte $\quad v = \sqrt{v_0^2 + 2gh}. \quad (1)$

b) *Vitesse v du filet d'eau en fonction des diamètres D et D_0 de ce même filet d'eau*

Pendant la durée Δt, il passe au niveau du robinet un volume $\dfrac{\pi D_0^2}{4} \cdot v_0 \cdot \Delta t$ d'eau

soit une masse $\rho \dfrac{\pi D_0^2}{4} \cdot v_0 \cdot \Delta t$ d'eau (ρ étant la masse volumique de l'eau).

Pendant cette même durée Δt, il passe au niveau situé à une distance h sous le robinet, un volume $\dfrac{\pi D^2}{4} \cdot v \cdot \Delta t$ d'eau, soit une masse $\rho \dfrac{\pi D^2}{4} \cdot v \cdot \Delta t$ d'eau.

Le débit de l'eau étant constant à tout niveau (pendant la même durée Δt, il passe la même masse d'eau à chaque niveau), il en résulte :

$$\rho \frac{\pi D^2}{4} \cdot v \cdot \Delta t = \rho \frac{\pi D_0^2}{4} \cdot v_0 \cdot \Delta t$$

soit : $\quad D^2 \cdot v = D_0^2 \cdot v_0$

d'où : $\quad v = v_0 \dfrac{D_0^2}{D^2} \quad (2)$

c) *Vitesse v_0 de l'eau au sortir du robinet en fonction de D, D_0, h et g*

De l'égalité (1) on a : $v^2 = v_0^2 + 2gh$.

On remplace v par sa valeur trouvée en (2) :

on a : $\quad v_0^2 \dfrac{D_0^4}{D^4} = v_0^2 + 2gh$

soit : $\quad v_0^2 \left(\dfrac{D_0^4}{D^4} - 1 \right) = 2gh$

d'où : $\quad v_0 = \sqrt{\dfrac{2gh}{\dfrac{D_0^4}{D^4} - 1}}.$ $\quad$ (3)

d) *Détermination de g, accélération de la pesanteur*

Pendant la durée θ, la masse d'eau qui passe au niveau du robinet vaut :

$$M = \rho \frac{\pi D_0^2}{4} \cdot v_0 \cdot \theta.$$

Du fait de la conservation de la masse, elle est égale à la masse recueillie dans le seau pendant la même durée θ.

Soit $\quad M = \rho V$ (volume de la masse M d'eau) ;

il en résulte : $\quad \rho \dfrac{\pi D_0^2}{4} \cdot v_0 \cdot \theta = \rho V$

soit $\quad \dfrac{\pi D_0^2}{4} \cdot v_0 \cdot \theta = V$

en remplaçant v_0 par sa valeur trouvée en (3), on a :

$$\frac{\pi D_0^2}{4} \cdot \sqrt{\frac{2gh}{\frac{D_0^4}{D^4} - 1}} \cdot \theta = V$$

en élevant au carré, on obtient :

$$\frac{\pi^2 D_0^4}{16} \cdot \frac{2gh}{\frac{D_0^4}{D^4} - 1} \cdot \theta^2 = V^2$$

d'où : $g = \dfrac{8 \left(\dfrac{D_0^4}{D^4} - 1 \right) V^2}{\pi^2 h \theta^2 D_0^4}$ $\quad$ soit : $g = \dfrac{8(D_0^4 - D^4) \cdot V^2}{\pi^2 h \theta^2 D_0^4 D^4}.$

Application numérique : Pensez à tout exprimer en unité S.I. !

$D_0 = 12{,}0 \cdot 10^{-3}$ m $\quad D = 5{,}0 \cdot 10^{-3}$ m $\quad h = 0{,}40$ m $\quad V = 10{,}0 \cdot 10^{-3}$ m^3 $\quad \theta = 180$ s.

On obtient :

$$g = 9{,}71 \text{ m} \cdot \text{s}^{-2}$$

Le résultat obtenu est tout à fait acceptable.

L'hypothèse tendant à négliger les frottements est vérifiée.

6. CHAMP DE PESANTEUR – EXPÉRIENCE DE VON JOLLY

1   Expérience de von Jolly

1) Variation de l'accélération de la pesanteur en fonction de la pesanteur

Étudions les 2 équilibres :

• **Équilibre 1 :**

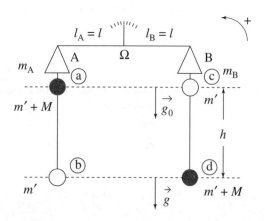

La balance étant en équilibre on a :

$$\sum \overline{\mathfrak{M}}_{/\Omega} = 0$$

soit $[(m_A + m' + M)g_0 + m'g]l - [(m_B + m')g_0 + (m' + M)g]l = 0$ (les plateaux sont considérés comme situés dans le même plan que les ballons supérieurs).

d'où $(m_A - m_B + M)g_0 - Mg = 0$ (1)

• **Équilibre 2 :**

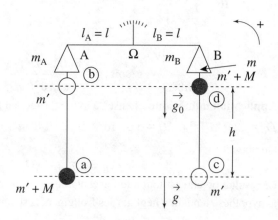

La balance étant à nouveau en équilibre, on a : $\sum \overline{\mathfrak{M}}_{/\Omega} = 0$

soit $\quad [(m_A + m')g_0 + (m' + M)g]l - [(m_B + m + m' + M)g_0 + m'g]l = 0$

d'où $\qquad (m_A - m_B - m - M)g_0 + Mg = 0$ $\qquad\qquad$ (2)

De (1) on a : $\qquad\qquad\qquad (m_A - m_B)g_0 = M(g - g_0)$ $\qquad\qquad$ (3)

De (2) on a : $\qquad\qquad\qquad (m_A - m_B)g_0 = M(g_0 - g) + mg_0$ $\qquad\qquad$ (4)

Des égalités (3) et (4) on obtient :

$$M(g - g_0) = M(g_0 - g) + mg_0$$

soit : $\quad 2M(g - g_0) = mg_0$

d'où $\qquad g - g_0 = \dfrac{mg_0}{2M}$ $\qquad\qquad$ (5)

m, g_0, M étant positif, $g - g_0 > 0$

donc : **g est plus grand que g_0.**

2) Variation relative de g près du sol

De l'égalité (5) en posant $\Delta g = g - g_0$ on a :

$$\frac{\Delta g}{g_0} = \frac{m}{2M} \qquad (6)$$

Application numérique : $\dfrac{\Delta g}{g_0} = \dfrac{20 \cdot 10^{-2}}{2 \times 20 \cdot 10^3} = \mathbf{5 \cdot 10^{-6}}$.

Remarque

Pour une profondeur de 50 m la variation relative de g est extrêmement faible !

---

2   Modèle d'une Terre à masse volumique variable

1) Masse de Terre comprise dans une sphère de rayon r

Le volume d'une couche sphérique de rayon r et d'épaisseur dr est :

$$v = 4\pi r^2 dr$$

$4\pi r^2$ étant la surface d'une sphère de rayon r, la masse dm de cette couche sphérique est donc

$$dm = 4\pi r^2 \rho\, dr$$

soit $\qquad\qquad dm = 4\pi\rho_0 r^2 \left(1 - \dfrac{\alpha r^2}{R^2}\right)dr$

d'où $\qquad M(r) = \displaystyle\int_0^r 4\pi\rho_0\left(r^2 - \dfrac{\alpha r^4}{R^2}\right)dr$

soit $\qquad M(r) = 4\pi\rho_0\left[\dfrac{r^3}{3} - \dfrac{\alpha r^5}{5R^2}\right]_0^R$

ou encore $\quad M(r) = \dfrac{4\pi\rho_0 r^3}{3}\left(1 - \dfrac{3\alpha r^2}{5R^2}\right)$ $\qquad\qquad$ (7)

On retrouve l'égalité qu'il fallait vérifier.

2) Variation du champ de pesanteur à l'intérieur de la Terre

a) *Valeur de g à une distance r du centre de la Terre*

D'après la relation donnée dans l'énoncé

$$g(r) = \frac{KM(r)}{r^2}$$

Soit d'après l'égalité (7)

$$g(r) = \frac{4\pi K \rho_0 r}{3}\left(1 - \frac{3\alpha}{5}\frac{r^2}{R^2}\right) \quad (8)$$

b) *Valeur de g pour r = R*

L'égalité (8) devient avec $r = R$

$$g(R) = \frac{4\pi K \rho_0 R}{3}\left(1 - \frac{3\alpha}{5}\right) \quad (9)$$

c) *Champ de pesanteur à la surface de la Terre*

Pour $r = R$ on se trouve à la surface de la Terre

d'où $\quad g(R) = g_0 \quad (10)$

d) *Rapport $\dfrac{g(r)}{g_0}$ en fonction de $x = \dfrac{r}{R}$.*

En utilisant les égalités (8), (9) et (10) on a :

$$\frac{g(r)}{g_0} = \frac{g(r)}{g(R)} = \frac{r\left(1 - \dfrac{3\alpha}{5}\dfrac{r^2}{R^2}\right)}{R\left(1 - \dfrac{3\alpha}{5}\right)}$$

d'où : $\quad \dfrac{g(r)}{g_0} = \dfrac{x\left(1 - \dfrac{3\alpha}{5}x^2\right)}{1 - \dfrac{3\alpha}{5}} \quad (11)$

e) *Relation entre profondeur et distance au centre de la Terre*

$R = h + r \quad$ d'où $\quad h = R - r$

il en résulte :

$$y = \frac{h}{R} = \frac{R - r}{R} = 1 - \frac{r}{R} = 1 - x$$

soit $\quad x = 1 - y \quad (12)$

f) *Relation $\dfrac{g(r)}{g_0} = 1 - B \cdot y$*

La relation (11) devient en utilisant la relation (12) :

$$\frac{g(r)}{g_0} = (1 - y)\frac{\left[1 - \dfrac{3\alpha}{5}(1 - y)^2\right]}{1 - \dfrac{3\alpha}{5}} \quad (13)$$

Comme h est très petit par rapport à R, $y = \dfrac{h}{R} \ll 1$. Dans la suite, comme $y \ll 1$, on néglige les termes en y^2 par rapport à ceux en y. On a : $(1-y)^2 \approx 1 - 2y$ donc l'égalité (13) devient :

$$\frac{g(r)}{g_0} = \frac{(1-y)\left[1 - \dfrac{3\alpha}{5}(1-2y)\right]}{1 - \dfrac{3\alpha}{5}}$$

soit
$$\frac{g(r)}{g_0} = \frac{(1-y)\left(1 - \dfrac{3\alpha}{5} + \dfrac{6\alpha y}{5}\right)}{1 - \dfrac{3\alpha}{5}}$$

d'où
$$\frac{g(r)}{g_0} \approx \frac{1 - \dfrac{3\alpha}{5} + y\left(\dfrac{6\alpha}{5} - 1 + \dfrac{3\alpha}{5}\right)}{1 - \dfrac{3\alpha}{5}}$$

(on néglige le terme en y^2 par rapport aux termes en y car $y \ll 1$)

soit
$$\frac{g(r)}{g_0} = \frac{1 - \dfrac{3\alpha}{5} - y\left(1 - \dfrac{9\alpha}{5}\right)}{1 - \dfrac{3\alpha}{5}}$$

d'où :
$$\frac{g(r)}{g_0} = \frac{1 - y\left(1 - \dfrac{9\alpha}{5}\right)}{1 - \dfrac{3\alpha}{5}}$$

ou encore : $\quad \dfrac{g(r)}{g_0} = 1 + y\dfrac{(9\alpha - 5)}{5 - 3\alpha} = 1 + B \cdot y \quad$ (14)

avec $\quad B = \dfrac{9\alpha - 5}{5 - 3\alpha}.$

g) *Détermination de α*

De l'égalité (6) on a : $\quad \dfrac{g(r) - g_0}{g_0} = \dfrac{m}{2M}$

soit $\quad \dfrac{g(r)}{g_0} = 1 + \dfrac{m}{2M} \quad$ (15)

En comparant les égalités (14) et (15) on a :

$$y \cdot \frac{(9\alpha - 5)}{5 - 3\alpha} = \frac{m}{2M}$$

soit
$$9\alpha y - 5y = \frac{5m}{2M} - \frac{3m}{2M}\alpha$$

d'où
$$\alpha\left(9y + \frac{3m}{2M}\right) = \frac{5m}{2M} + 5y$$

il en résulte
$$\alpha = \frac{\dfrac{5m}{2M} + 5\dfrac{h}{R}}{9\dfrac{h}{R} + \dfrac{3m}{2M}}$$

ou encore
$$\alpha = \frac{5}{3}\left(\frac{1 + \dfrac{2hM}{Rm}}{1 + \dfrac{6hM}{Rm}}\right).$$

Application numérique : $h = 50$ m, $M = 20$ kg, $m = 20$ cg, $R = 6\ 370$ km

$$\boldsymbol{\alpha = 0,750} \quad \text{(sans unité !)}.$$

3) **a)** *Masse volumique moyenne* ρ_m *de la Terre*

$$\rho_m = \frac{\text{masse de la Terre}}{\text{volume de la Terre}}$$

soit $\quad \rho_m = \dfrac{M_T}{\dfrac{4}{3}\pi R^3} \quad (16)$

Application numérique : $\rho_m = 5\ 520$ kg/m^3.

b) *Valeur du coefficient* ρ_0

$M(r) = M_T$ pour $r = R$.

D'où en utilisant les égalités (7) et (16)

$$M_T = \frac{4\pi \rho_0 R^3}{3}\left(1 - \frac{3\alpha}{5}\right) = \frac{4}{3}\pi \rho_m R^3$$

d'où $\quad \rho_0 = \dfrac{\rho_m}{1 - \dfrac{3\alpha}{5}}.$

Application numérique : sachant que $\alpha = 0,750$,

on obtient : $\boldsymbol{\rho_0 = 10\ 040}$ **kg/m^3.**

---

3   **Recherche de la valeur maximale du champ de pesanteur dans ce modèle**

1) Profondeur h_1 en laquelle g est maximale

De l'égalité (8) on a :

$$g = \frac{4\pi K \rho_0}{3}\left(r - \frac{3\alpha r^3}{5R^2}\right)$$

g est maximale quand $\dfrac{\mathrm{d}g}{\mathrm{d}r} = 0$

comme $\dfrac{\mathrm{d}g}{\mathrm{d}r} = \dfrac{4\pi K \rho_0}{3}\left(1 - \dfrac{9\alpha r^2}{5R^2}\right)$

on a $\dfrac{\mathrm{d}g}{\mathrm{d}r} = 0 \quad$ si $\quad 1 - \dfrac{9\alpha r^2}{5R^2} = 0.$

La distance r_1 par rapport au centre de la Terre pour laquelle on a $g = g_{max}$ est donc :

$$r_1 = \sqrt{\frac{5}{9\alpha}} \cdot R \quad (17)$$

Comme $\quad h_1 = R - r_1$

g est maximale à la profondeur h_1 telle que :

$$h_1 = R\left(1 - \sqrt{\frac{5}{9\alpha}}\right)$$

Application numérique : $h_1 = 0,1393R =$ **888 km.**

2) Valeur maximale de g obtenue en cette profondeur

De la relation (8), on a en utilisant l'égalité (17)

$$g_{max} = \frac{4\pi K \rho_0}{3} \sqrt{\frac{5}{9\alpha}} R\left(1 - \frac{3\alpha}{5} \cdot \frac{5R^2}{9\alpha R^2}\right)$$

soit $\quad g_{max} = \frac{4\pi\sqrt{5}K\rho_0 R}{9\sqrt{\alpha}}\left(1 - \frac{1}{3}\right)$

d'où $\quad g_{max} = \frac{8p\sqrt{5}Kr_0R}{27\sqrt{a}}$

Application numérique : $g_{max} =$ **10,25 m · s^{-2}.**

7. GUILLAUME TELL

---

1   Guillaume Tell et son fils

1) Vitesse initiale V_1 de la flèche

a) *Équation paramétrique de la trajectoire*

On se place dans le repère terrestre assimilable à un repère galiléen.

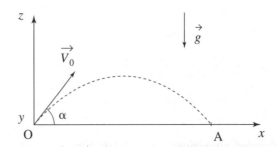

Appliquons la relation fondamentale de la dynamique à la flèche assimilée à un corps ponctuel G.

On a : $\quad \sum \overrightarrow{\text{forces}} = m\vec{a}$.

La seule force appliquée étant son poids $\vec{P} = m\vec{g}$

il en résulte : $\quad \vec{a} = \vec{g}$.

Projetons cette équation vectorielle suivant les 3 axes orthonormés : Ox, Oy et Oz.

• Suivant Ox

$$a_x = 0$$

d'où : $\quad V_x = \text{cte} \quad$ à $t = 0, \quad V_x = V_0 \cos\alpha = \text{cte}$

soit : $\quad V_x = V_0 \cos\alpha \quad$ (1)

il en résulte :

$$x = V_0 t \cos\alpha + \text{cte}$$

à $t = 0, \quad x = 0 = \text{cte}$

soit : $\quad x = V_0 t \cos\alpha \quad$ (2)

• Suivant Oy

$$a_y = 0$$

d'où : $\quad V_y = \text{cte}$ à $t = 0, \; V_y = 0 = \text{cte}$.

soit : $\quad V_y = 0$

il en résulte :

$$y = \text{cte} \quad \text{à } t = 0, \quad y = 0 = \text{cte}$$

soit : $y = 0$ (3)

• **Suivant Oz**

$$a_z = -g$$

d'où : $V_z = -gt + \text{cte} \quad \text{à } t = 0, \quad V_z = V_0\sin\alpha = \text{cte}$

soit : $V_z = -gt + V_0\sin\alpha$ (4)

il en résulte :

$$z = \frac{-gt^2}{2} + V_0 t\sin\alpha + \text{cte} \quad \text{à } t = 0, \quad z = 0 = \text{cte}$$

soit : $z = \frac{-gt^2}{2} + V_0 t\sin\alpha$ (5)

De la relation (3) on en déduit que le mouvement de la flèche a lieu dans le plan (Ox, Oz) c'est-à-dire le plan défini par le vecteur vitesse initiale $\vec{V_0}$ et le vecteur accélération $\vec{g}$.

D'où l'équation paramétrique de la trajectoire :

$$\begin{cases} x = V_0 t\cos\alpha & (2) \\ y = 0 & (3) \\ z = \dfrac{-gt^2}{2} + V_0 t\sin a & (5) \end{cases}$$

Remarque

Cela n'est valable que si $x \leqslant D$. Il faut donc $t \leqslant \dfrac{D}{V_0\cos\alpha}$.

b) *Équation cartésienne de la trajectoire*

De l'égalité (2) on a :

$$t = \frac{x}{V_0\cos\alpha}$$

soit en utilisant l'égalité (5)

$$z = \frac{-gx^2}{2V_0^2\cos^2 a} + x\tan a \quad (6)$$

Remarque

cette équation cartésienne n'est valable que si $x \leqslant D$.

c) *Vitesse initiale V_1 de la flèche*

Quand la flèche atteint la pomme A on a :

$x = D$ et $z = 0$, cela pour $V_0 = V_1$ et $\alpha = \alpha_1$. L'égalité (6) devient :

$$0 = \frac{-gD^2}{2V_1^2\cos^2\alpha_1} + D\tan\alpha_1$$

soit : $\dfrac{gD}{2V_1^2\cos^2\alpha_1} = \dfrac{\sin\alpha_1}{\cos\alpha_1}$

d'où
$$V_1^2 = \frac{gD}{2\cos\alpha_1\sin\alpha_1}$$

ou encore
$$V_1 = \sqrt{\frac{gD}{\sin 2\boldsymbol{a}_1}} \qquad (6)$$

Rappel

$2\cos\alpha_1\sin\alpha_1 = \sin 2\alpha_1$

Application numérique : $V_1 = 23{,}8$ m/s $= 85{,}6$ km/h.

2) **a)** *Vecteur vitesse $\vec{V_1'}$ de la flèche quand elle atteint la pomme*

Appliquons le théorème de l'énergie cinétique à la flèche de masse m entre l'instant de départ et l'instant où elle arrive en A.

$$\Delta E_k = \frac{1}{2}mV_1'^2 - \frac{1}{2}mV_1^2 = \sum_{O \to A} W_{(\vec{F})}$$

La seule force appliquée à la flèche entre ces 2 instants étant son poids on a :

$$\sum_{O \to A} W_{(\vec{F})} = W_{O \overset{(\vec{P})}{\to} A}$$

Comme les points O et A sont situés sur la même horizontale, le travail du poids entre O et A est nul. Cela implique $V_1' = V_1$.

Comme la composante horizontale de la vitesse est constante : $V_x = V_1\cos\alpha_1$, cela implique comme $V_1 = V_1'$, que le module de la composante verticale de $\vec{V_1'}$ est égal à celui de la composante verticale de $\vec{V_1}$.

Par contre, comme la flèche redescend quand elle arrive en A, on a $V_{1\,y}' = -V_{1\,y}$.

$\vec{V_1'}$, qui a même module que $\vec{V_1}$ fait donc un angle α_1 avec l'horizontale, $\vec{V_1'}$ étant dirigé vers le bas :

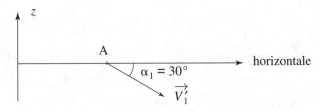

b) *Durée θ_1 mise par la flèche pour aller de O à A*

D'après la relation (2) on a :

$$D = V_1\theta_1\cos\alpha_1$$

soit
$$\theta_1 = \frac{D}{V_1\cos\alpha_1}$$

soit en utilisant la relation (6)

$$\theta_1 = \frac{D}{\sqrt{\dfrac{gD}{2\sin\alpha_1\cos\alpha_1}} \cdot \cos\alpha_1}$$

d'où $\quad j_1 = \sqrt{\dfrac{2D\tan a_1}{g}}$

Application numérique : $\quad j_1 = 2{,}43$ s.

3) Autre angle de tir possible avec la même vitesse (en module)

De la relation (4) on a :

$$\sin 2\alpha = \frac{gD}{V_1}.$$

Cette équation admet 2 solutions :

$$2\alpha = 2\alpha_1$$

et $\quad 2\alpha = \pi - 2\alpha_1 = 2\alpha_1'$

car le sinus d'un angle et le sinus de l'angle supplémentaire sont égaux.

L'autre valeur possible est donc

$$\alpha_1' = \frac{\pi}{2} - \alpha_1 \quad \text{(en radians)}$$

soit en degré $\quad \alpha_1' = 90 - 30 = 60°$

(α_1' est l'angle complémentaire de α_1).

Remarque
On a 2 possibilités de tir :
– le tir tendu $\qquad$ soit : $\quad \alpha = \alpha_1 = 30°$;
– le tir en cloche $\quad$ soit : $\quad \alpha = \alpha_1' = 60°$.

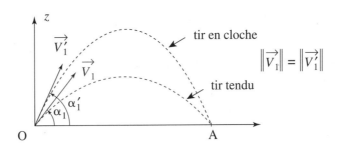

La vengeance de Guillaumme Tell

1) Vitesse minimale V_2 pour atteindre le bailli Gessler

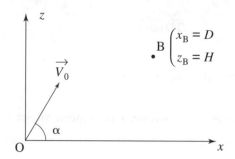

Si la flèche lancée de O passe en B, les coordonnées de B vérifient l'équation cartésienne de la trajectoire de la flèche (relation (6)).

Soit
$$z_B = \frac{-g x_B^2}{2 V_0^2 \cos^2\alpha} + x_B \tan\alpha$$

ou encore
$$H = \frac{-g D^2}{2 V_0^2 \cos^2\alpha} + D \tan\alpha$$

ou encore comme $\dfrac{1}{\cos^2\alpha} = 1 + \tan^2\alpha$

$$H = \frac{-g D^2}{2 V_0^2}(1 + \tan^2\alpha) + D \tan\alpha$$

d'où l'équation du second degré ayant $\tan\alpha$ comme variable :

$$\frac{g D^2}{2 V_0^2}\tan^2\alpha - D\tan\alpha + H + \frac{g D^2}{2 V_0^2} = 0 \quad (7)$$

Il n'y a qu'une solution, c'est-à-dire qu'il n'existe un angle α, donc une valeur de $\tan\alpha$, que si le discriminant Δ de cette équation du second degré en $\tan\alpha$ est positif ou nul.

Comme
$$\Delta = D^2 - \frac{4 g D^2}{2 V_0^2}\left(H + \frac{g D^2}{2 V_0^2}\right)$$

on a :
$$\Delta = D^2\left[1 - \frac{2 g H}{V_0^2} - \frac{g^2 D^2}{V_0^4}\right]$$

$\Delta \geqslant 0$ si $\ 1 - \dfrac{2 g H}{V_0^2} - \dfrac{g^2 D^2}{V_0^4} \geqslant 0$

soit si $\quad f(V_0^2) = V_0^4 - 2 g H V_0^2 - g^2 D^2 \geqslant 0.$

On a une équation du second degré ayant V_0^2 comme variable.

Le discriminant de cette équation est :
$$\Delta_1 = 4 g^2 H^2 + 4 g^2 D^2$$

soit $\quad \Delta_1 = 4g^2(H^2 + D^2)$.

Les 2 racines de cette équation sont :

$$V_0^{2'} = gH + g\sqrt{H^2 + D^2} > 0$$

et $\quad V_0^{2''} = gH - g\sqrt{H^2 + D^2} < 0$

d'où la représentation de $f(V_0^2)$

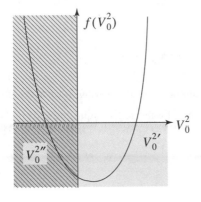

V_0^2 étant un carré :

V_0^2 est positif : on élimine la partie du graphe correspondant à $V_0^2 < 0$ (▨) on veut $f(V_0^2) \geqslant 0$:

on élimine la partie du graphe correspondant à $f(V_0^2) < 0$ (▨).

La plus petite valeur de V_0^2 est donc $V_0^{2'}$ donc la plus petite valeur de V_0 vaut :

$$V_2 = V_0' = \sqrt{gH + g\sqrt{H^2 + D^2}} \quad (8)$$

Application numérique : $\quad$ **$V_2 = 31{,}9$ m/s $= 115$ km/h.**

2) Angle de tir α_2 si $V_0 = V_2$

Si $V_0 = V_2$ le discriminant de l'équation du second degré (7) est nul.
Il en résulte que la solution de (7) vaut :

$$\tan\alpha_2 = \frac{D}{\dfrac{gD^2}{V_2^2}} \quad \text{(on a alors } V_0 = V_2\text{)}$$

Soit : $\quad \tan\alpha_2 = \dfrac{V_2^2}{gD}$

d'où en remplaçant V_2 par sa valeur trouvée en (8)

$$\tan\alpha_2 = \frac{gH + g\sqrt{H^2 + D^2}}{gD}$$

soit $\quad \tan\alpha_2 = \dfrac{H + \sqrt{H^2 + D^2}}{D} \quad (9)$

Application numérique : $\tan\alpha_2 = 2{,}081$

d'où $\quad$ **$\alpha_2 = 64°20'$.**

3) Vitesse V_3 de la flèche quand elle atteint le bailli

Appliquons le théorème de l'énergie cinétique à la flèche entre le point de départ en O et le point d'arrivée en B sachant que la seule force appliquée à la flèche est son poids.

On a $\quad \Delta E_K = \frac{1}{2}mV_3^2 - \frac{1}{2}mV_2^2 = -mgH$

(le travail du poids est résistant car la flèche monte)

soit $\quad V_3^2 = V_2^2 - 2gH$

d'où en utilisant l'égalité (8)

$$V_3^2 = gH + g\sqrt{H^2 + D^2} - 2gH$$

d'où $\quad V_3 = \sqrt{g(\sqrt{H^2 + D^2} - H)}$

Application numérique : $V_3 = 15{,}3$ **m/s** $= 55{,}2$ **km/h.**

4) a) *Vitesse minimale V_5 de lancement pour pouvoir transpercer la veste de cuir du bailli*

En appliquant à nouveau le théorème de l'énergie cinétique entre le point de départ O et le point d'arrivée B, on a, la seule force appliquée à la flèche étant son poids :

$$\Delta E_K = \frac{1}{2}mV_4^2 - \frac{1}{2}mV_5^2 = -mgH$$

d'où $\quad V_4^2 - V_5^2 = -2gH$

soit $\quad V_5 = \sqrt{V_4^2 + 2gH}$

Application numérique : $\quad V_4 = 100$ km/h $= \dfrac{100}{3{,}6}$ m/s

d'où $\quad V_5 = 39{,}4$ **m/s** $= 142$ **km/h.**

b) *Angle(s) de tir*

Les angles de tir α vérifient l'équation (7) avec $V_0 = V_5$

soit $\quad \dfrac{gD^2}{2V_5^2}\tan^2\alpha - D\tan\alpha + H + \dfrac{gD^2}{2V_5^2} = 0$

avec $\quad \Delta = D^2\left[1 - \dfrac{2gH}{V_5^2} - \dfrac{g^2D^2}{V_5^4}\right]$

les racines de cette équation sont :

$$\tan\alpha_5 = \frac{D - D\sqrt{\left(1 - \dfrac{2gH}{V_5^2} - \dfrac{g^2D^2}{V_5^4}\right)}}{\dfrac{gD^2}{V_5^2}} \quad \text{et} \quad \tan\alpha_5' = \frac{D + D\sqrt{\left(1 - \dfrac{2gH}{V_5^2} - \dfrac{g^2D^2}{V_5^4}\right)}}{\dfrac{gD^2}{V_5^2}}$$

soit $\quad \tan\alpha_5 = \dfrac{V_5^2}{gD}\left[1 - \sqrt{1 - \dfrac{2gH}{V_5^2} - \dfrac{g^2D^2}{V_5^4}}\right]$

et de même on a :

$$\tan\alpha_5' = \dfrac{V_5^2}{gD}\left[1 + \sqrt{1 - \dfrac{2gH}{V_5^2} - \dfrac{g^2D^2}{V_5^4}}\right].$$

Application numérique :

$$\tan\alpha_5 = 1,1749 \qquad\qquad \tan\alpha_5' = 5,1745$$

soit $\qquad \boldsymbol{\alpha_5 = 49°36'}$ et $\qquad \boldsymbol{\alpha_5' = 79°4'}$

L'angle α_5 correspond à un tir tendu.
L'angle α_5' correspond à un tir en cloche.

soit :

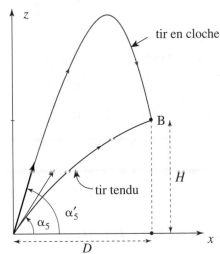

---

3   **La balle lâchée par le bailli va-t-elle s'immobiliser ?**

Soit H la hauteur de la chute initiale de la balle.

Soit h_1 la hauteur atteinte par la balle à son premier rebond :

$$h_1 = eH.$$

Soit h_2 la hauteur atteinte par la balle à son deuxième rebond :

$$h_2 = eh_1 = e^2 H.$$

Soit h_n la hauteur atteinte par la balle à son $n^{\text{ième}}$ rebond :

$$h_n = eh_{n-1} = e^n H.$$

Soit θ_0 la durée de la chute initiale de la balle :

$$H = \frac{1}{2}g\theta_0^2 \quad \text{soit} \quad \theta_0 = \sqrt{\frac{2H}{g}}$$

(chute libre sans vitesse initiale).

Soit θ_1 la durée de la chute du 1er rebond on a :

$$h_1 = \frac{1}{2}g\theta_1^2$$

(chute libre sans vitesse initiale)

soit $\quad \theta_1 = \sqrt{\frac{2h_1}{g}} = \sqrt{\frac{2eH}{g}} = \sqrt{e}\,\theta_0.$

Sachant que la durée de montée lors d'un rebond est égale à la durée de descente, la durée totale du 1er rebond est $2\theta_1$.

De même la durée du 2e rebond est :

$$2\theta_2 = 2\sqrt{\frac{2h_2}{g}} = 2\sqrt{\frac{2eh_1}{g}} = 2\sqrt{\frac{2e^2H}{g}}$$

soit $\quad 2\theta_2 = 2(\sqrt{e})^2\theta_0$.

Par récurrence la durée du $n^{ième}$ rebond vaut :

$$2\theta_n = 2(\sqrt{e})^n\theta_0.$$

La durée totale τ que met la balle pour s'immobiliser est :

$$\tau = \theta_0 + 2\theta_1 + 2\theta_2 + \cdots + 2\theta_n + \cdots$$

soit $\qquad \tau = \theta_0 + 2\sqrt{e}\theta_0(1 + \sqrt{e} + \sqrt{e}^2 + \cdots + (\sqrt{e})^{n-1} + \ldots)$

ou encore $\quad \tau = \theta_0[1 + 2\sqrt{e}(1 + \sqrt{e} + (\sqrt{e})^2 + \cdots + (\sqrt{e})^{n-1} + \cdots)].$

Soit S la somme de la suite géométrique :

$$1 + \sqrt{e} + (\sqrt{e})^2 + \cdots + (\sqrt{e})^{n-1} + \cdots$$

on a $\quad \sqrt{e}S = \sqrt{e} + (\sqrt{e})^2 + (\sqrt{e})^3 + \cdots + (\sqrt{e})^n + \cdots$

d'où $\quad S - \sqrt{e}S = 1$ car $(\sqrt{e})^n \rightarrow 0$ si $n \rightarrow \infty$ ($\sqrt{e}$ étant inférieur à 1).

d'où $\quad S = \dfrac{1}{1 - \sqrt{e}}.$

Comme $\quad \tau = \theta_0[1 + 2\sqrt{e}S]$

on a : $\qquad \tau = \theta_0\left[1 + \dfrac{2\sqrt{e}}{1 - \sqrt{e}}\right]$

soit : $\qquad \tau = \theta_0\left[\dfrac{1 - \sqrt{e} + 2\sqrt{e}}{1 - \sqrt{e}}\right]$

d'où : $\quad \mathbf{t} = \mathbf{j}_0\left(\dfrac{1 + \sqrt{e}}{1 - \sqrt{e}}\right) = \left(\dfrac{1 + \sqrt{e}}{1 - \sqrt{e}}\right)\sqrt{\dfrac{2H}{g}}$

Application numérique :

$$\sqrt{e} = \sqrt{0{,}64} = 0{,}80 \quad H = 40{,}0 \text{ m} \quad g = 9{,}80 \text{ m/s}^2$$

$$\mathbf{t} = \mathbf{25{,}7 \ s.}$$

La suite de rebonds infinie a une durée finie, car on a une somme d'une progression géométrique de raison inférieure à 1.

8. CHUTE AVEC FROTTEMENT FLUIDE

1) Bilan des forces appliquées à la sphère (S)

La sphère (S) est soumise :

– à son **poids** $\vec{P} = m\vec{g}$: vertical, dirigé vers le bas ;

– à la **poussée d'Archimède**

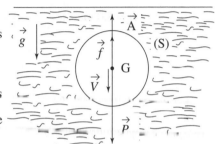

$\vec{A} = -\rho \cdot \dfrac{4}{3}\pi a^3 \cdot \vec{g}$: égale à l'opposé du poids du fluide déplacé ; elle est verticale dirigée vers le haut ;

– à la **force de frottement fluide** $\vec{f} = -h\vec{v}$ de sens opposé à la vitesse.

Comme la sphère tombe, $\vec{v}$ est dirigé vers le bas, donc la force de frottement fluide est verticale dirigée vers le haut.

2) Équation différentielle régissant la vitesse de cette sphère

On considère le repère terrestre comme galiléen.

On peut donc appliquer la relation fondamentale de la dynamique à la sphère (S) :

Soit $\sum \overrightarrow{\text{forces appliquées}} = m\vec{a}$

$\vec{a}$ étant l'accélération du centre d'inertie de la sphère

d'où : $\vec{P} + \vec{A} + \vec{f} = m\vec{a}$

soit : $m\vec{g} - \dfrac{4}{3}\pi a^3 \rho \vec{g} - h\vec{v} = m\vec{a} = m\dfrac{d\vec{v}}{dt}$

en projetant suivant un axe vertical dirigé vers le bas on obtient :

$$mg - \frac{4}{3}\pi a^3 \rho g - hv = m\frac{dv}{dt}$$

soit en divisant par m et en ordonnant :

$$\frac{dv}{dt} + \frac{h}{m}v = g\left(1 - \frac{4\pi a^3 \rho}{3m}\right) \quad (1)$$

3) Allure de la courbe $v = f(t)$

À $t = 0$, $v = 0$, d'où la pente à l'origine :

$$\left(\frac{dv}{dt}\right)_{t=0} = g\left(1 - \frac{4\pi a^3 \rho}{3m}\right)$$

pour t grand, on arrive à une valeur constante de v, appelée aussi v limite : v_L (valeur asymptotique de v).

Dans ce cas $\dfrac{dv}{dt} = 0$

d'où $\quad v_L = \dfrac{mg}{h}\left(1 - \dfrac{4}{3}\dfrac{\pi a^3 \rho}{m}\right)$ $\quad$ (2)

numériquement on a $v_L = 8{,}0$ m/s $\;$ (donné dans l'énoncé) et $\left(\dfrac{dv}{dt}\right)_0 = 1{,}04$ m/s^2

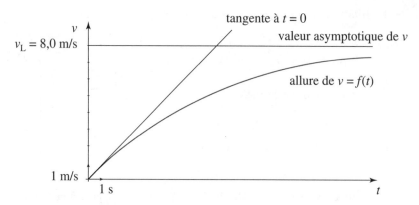

4) Valeur du coefficient de frottement fluide : h

De l'égalité (2) on a :

$$h = \frac{mg}{v_L}\left(1 - \frac{4}{3}\frac{\pi a^3 \rho}{m}\right)$$

Application numérique : $\quad h = 3{,}91 \cdot 10^{-2}$ **kg** $\cdot$ **s**$^{-1}$.

5) Relation $v = A(1 - e^{-Bt})$

Si $v = A(1 - e^{-Bt})$

on a $\dfrac{dv}{dt} = ABe^{-Bt}$.

D'où, en utilisant la relation (1) :

$$ABe^{-Bt} + \frac{h}{m}A(1 - e^{-Bt}) = g\left(1 - \frac{4\pi a^3 \rho}{3m}\right)$$

soit en utilisant la relation (2) qui donne l'expression de v_L :

$$ABe^{-Bt} + \frac{h}{m}A(1 - e^{-Bt}) = \frac{hv_L}{m}.$$

En développant on a :

$$\frac{h}{m}A + \left(AB - \frac{hA}{m}\right)e^{-Bt} = \frac{hv_L}{m}.$$

Cette relation est vérifiée, quelque soit t, si on a :

$$A = v_L \quad \text{et} \quad B = \frac{h}{m}$$

d'où la relation cherchée :

$$v = v_L\left(1 - e^{-\frac{h}{m}t}\right). \quad (3)$$

6) Instant t_1 tel que $v = v_L$ à 1 % près.

si $v = v_L$ à 1 %, on a d'après la relation (3)

$$1 - e^{-\frac{h}{m}t_1} = 99\ \%$$

soit
$$e^{-\frac{h}{m}t_1} = 1\ \% = 10^{-2}.$$

En prenant le logarithme népérien de cette égalité on a :

$$-\frac{h}{m}t_1 = -2\ln 10$$

d'où
$$t_1 = \frac{2m\ln 10}{h} \qquad (4)$$

Application numérique : $t_1 = 35{,}33$ s.

7) Relation $z = g(t)$

$$v = \frac{dz}{dt}$$

d'où
$$z = \int_0^t v\, dt$$

soit
$$z = \int_0^t v_L\left(1 - e^{-\frac{h}{m}t}\right)dt$$

ou encore
$$z = \int_0^t v_L \cdot dt - \int_0^t v_L e^{-\frac{h}{m}t}\, dt$$

soit
$$z = v_L \cdot t - \frac{v_L}{\frac{-h}{m}}\left[e^{-\frac{h}{m}t}\right]_0^t$$

d'où
$$z = v_L \cdot t + \frac{m}{h}v_L\left(e^{-\frac{h}{m}t} - e^0\right)$$

finalement

$$z = v_L \cdot t - \frac{m}{h}v_L\left(1 - e^{-\frac{h}{m}t}\right) \qquad (5)$$

(à $t = 0$ on a $z = 0$).

8) Distance parcourue à $t = t_1$

Soit z_1 la distance parcourue par la sphère à $t = t_1$.

De l'égalité (5) on a :

$$z_1 = v_L \cdot t_1 - \frac{m}{h}v_L\left(1 - e^{-\frac{h}{m}t_1}\right).$$

Sachant que pour $t = t_1$ on a $1 - e^{-\frac{h}{m}t_1} = 0,99$ (cf. 6)).

On a :

$$z_1 = v_L \cdot t_1 - 0,99 \frac{m}{h} v_L$$

d'où $\quad z_1 = v_L \left(t_1 - 0,99 \frac{m}{h} \right)$

soit d'après la relation (4)

$$z_1 = v_L \left(\frac{2 \cdot m \cdot \ln 10}{h} - 0,99 \frac{m}{h} \right)$$

d'où : $\quad z_1 = \frac{m \cdot v_L}{h} (2 \ln 10 - 0,99)$

Application numérique : $z_1 = 222$ m.

Il faut que le lac soit profond pour atteindre la vitesse limite à 1 % près !

9. ASSISTANCE GRAVITATIONNELLE PAR JUPITER

1) Relation entre la vitesse d'une planète sur son orbite et sa période de révolution

D'après la 3e loi de Kepler, on a, en supposant que les orbites des planètes sont circulaires, la relation :

$$\frac{T^2}{R^3} = \text{constante} = k \quad (1)$$

T étant la période de révolution de la planète et R le rayon de son orbite circulaire.

D'après la 2e loi de Kepler, si la planète a une orbite circulaire, sa vitesse u sur son orbite est uniforme.

On a donc : $\quad u = \dfrac{\text{périmètre de l'orbite}}{\text{période de révolution}}$

d'où : $\qquad u = \dfrac{2\pi R}{T}$

soit : $\qquad R = \dfrac{u \cdot T}{2\pi}.$

En utilisant l'égalité (1) on a :

$$\frac{T^2}{\dfrac{u^3 T^3}{8\pi^3}} = \text{constante} = k$$

soit : $\qquad \dfrac{8\pi^3}{u^3 \cdot T} = k$

d'où $\qquad\qquad\qquad u^3 \cdot T = \dfrac{8\pi^3}{k} = k' = \text{constante} \quad (2)$

2) Vitesse u_J de Jupiter sur son orbite

De la relation (2) : $u^3 \cdot T = \text{constante}$, il résulte

$$u_T^3 \cdot T_T = u_J^3 \cdot T_T = \text{constante}$$

d'où : $\qquad\qquad u_J^3 = u_T^3 \dfrac{T_T}{T_J}$

soit : $\qquad\qquad u_J = u_T \cdot \left(\dfrac{T_T}{T_J}\right)^{\frac{1}{3}}.$

Application numérique : il faut exprimer T_T et T_J dans les mêmes unités.

$$u_J = 29{,}9 \cdot \left(\frac{1}{11{,}862}\right)^{\frac{1}{3}}$$

$$u_J = 13{,}11 \text{ km/s.}$$

3) L'assistance gravitationnelle

a) *Étude du mouvement de la sonde spatiale dans le repère géocentrique jovien*

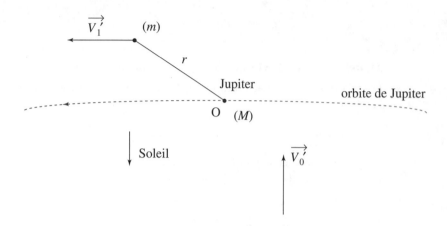

Dans le repère géocentrique jovien l'énergie mécanique de la sonde spatiale est :

$$E_M = E_K + E_P$$

avec $\quad E_K = \dfrac{1}{2}mV'^2 \quad$ et $\quad E_P = \dfrac{-G \cdot M \cdot m}{r}$

d'où

$$E_M = \frac{1}{2}mV'^2 - \frac{GMm}{r}.$$

Avant et après l'influence de Jupiter sur la sonde, c'est-à-dire pour r : distance entre la sonde et Jupiter, très grande on a :

$$E_{M\ avant} = \frac{1}{2}mV_0'^2 - 0 = \frac{1}{2}mV_0'^2$$

$$E_{M\ après} = \frac{1}{2}mV_0'^2 - 0 = \frac{1}{2}mV_0'^2$$

(si r devient très grand, $E_P = \dfrac{-G \cdot M \cdot m}{r}$ tend vers zéro).

Du fait de la conservation de l'énergie mécanique (à part la force de gravitation, il n'y a pas d'autres forces qui agissent sur la sonde), on a :

$E_{M\ avant} = E_{M\ après}$: la variation de l'énergie mécanique de la sonde est nulle dans ce repère

d'où :

$$\frac{1}{2}mV_0'^2 = \frac{1}{2}mV_1'^2$$

soit :

$$V_1' = V_0'.$$

b) *Étude du mouvement de la sonde spatiale dans le repère héliocentrique*

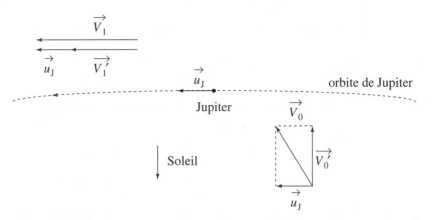

on a $\quad \vec{V_0} = \vec{V_0'} + \vec{u_J}$

et $\quad \vec{V_1} = \vec{V_1'} + \vec{u_J}$

d'où en module d'après le schéma ci-dessus

$$V_0 = \sqrt{V_0'^2 + u_J^2}$$

$$V_1 = V_1' + u_J.$$

Comme $V_1' = V_0'$ (*cf.* **3) a)**) il en résulte :

$$V_1 = V_0' + u_J \; .$$

c) *Accroissement de la vitesse de la sonde dans le repère héliocentrique*

$$\Delta V = V_1 - V_0$$

soit $\quad \Delta V = V_0' + u_J - \sqrt{V_0'^2 + u_J^2}$

Application numérique : $\quad u_J = 13{,}1$ km/s $\quad V_0' = 3{,}0$ km/s

$$\Delta V = \textbf{2{,}66 km/s.}$$

d) *Application*

Par le procédé décrit ci-dessus, connu sous le nom d'assistance gravitationnelle, on peut à l'aide d'une planète dévier la trajectoire d'une sonde et accélérer (augmenter la vitesse) cette sonde.

Ce procédé est très utilisé car il permet d'augmenter la vitesse des sondes spatiales, en utilisant uniquement l'action des planètes.

Lors d'une mission spatiale, on peut avoir recours à l'assistance gravitationnelle d'une planète plusieurs fois : cas de Voyager II. Cela rallonge cependant la durée de la mission spatiale, ce qui peut être un grave inconvénient, si c'est une mission spatiale avec équipage, c'est le problème qui se pose pour aller vers Mars.

La durée du voyage peut passer de quelques mois (si vol « direct » c'est-à-dire sans assistance gravitationnelle), à plus d'un an (si assistance gravitationnelle).

10. FREINAGE D'UN SATELLITE PAR L'ATMOSPHÈRE

1   Caractéristiques du satellite en orbite circulaire les frottements étant négligeables

1) *Vitesse v du satellite*

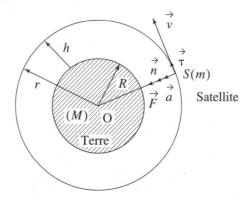

On se place dans le repère géocentrique terrestre assimilable à un repère galiléen. Appliquons la relation fondamentale de la dynamique au satellite S considéré comme ponctuel :

$$\sum \overrightarrow{\text{forces}} = m\,\vec{a}$$

soit $\vec{F} = m\,\vec{a}$

avec $\vec{F} = \dfrac{G \cdot M \cdot m \cdot \vec{n}}{r^2}$.

Projetons cette égalité vectorielle suivant l'axe $\overrightarrow{SO}$:

$$F = \frac{GMm}{r^2} = ma_n \tag{1}$$

Le satellite ayant une orbite circulaire, $\vec{F}$ est perpendiculaire à $\vec{v}$: le module de la vitesse ne varie pas, cela implique $\dfrac{\mathrm{d}v}{\mathrm{d}t} = 0$ donc $v = $ constante.

Comme $\vec{a} = a_n \cdot \vec{n} + a_t \cdot \vec{\tau}$

avec $a_t = \dfrac{\mathrm{d}v}{\mathrm{d}t} = 0$

il en résulte $\vec{a} = a_n \cdot \vec{n}$ avec $a_n = \dfrac{v^2}{r}$.

L'égalité (1) devient : $\dfrac{G \cdot M \cdot m}{r^2} = \dfrac{mv^2}{r}$

d'où $v = \sqrt{\dfrac{G \cdot M}{r}}$ (2).

2) *Période T du satellite*

$$T = \frac{2\pi r}{v}$$

soit, en utilisant l'égalité (2) :

$$T = \frac{2\pi r}{\sqrt{\dfrac{G \cdot M}{r}}}$$

d'où : $\quad T = 2\pi\sqrt{\dfrac{r^3}{GM}} \quad (3)$

3) *Énergies cinétique et mécanique du satellite*

a) *Énergie cinétique*

$$E_K = \frac{1}{2}mv^2$$

soit, en utilisant l'égalité (2) :

$$E_K = \frac{G \cdot M \cdot m}{2r} \quad (4)$$

b) *Énergie mécanique*

$E = E_K + E_P$

soit : $\quad E = \dfrac{G \cdot M \cdot m}{2r} - \dfrac{G \cdot M \cdot m}{r}$

d'où : $\quad E = -\dfrac{G \cdot M \cdot m}{2r} \quad (4)$

c) *Relations entre les différentes formes d'énergie*

En comparant les égalités (4) et (5)

on a $\quad E = -E_K$.

Sachant que : $\quad E_P = -\dfrac{G \cdot M \cdot m}{r} \quad (6)$

En comparant les égalités (4) et (6)

$$E_K = -\frac{E_P}{2} \quad (7)$$

En comparant les égalités (5) et (6)

$$E = \frac{E_P}{2} \quad (8)$$

---

2 **Freinage du satellite par l'atmosphère terrestre**

1) **Justification de l'expression de la force de frottement**

$$\vec{f} = -k(r)\vec{v}$$

- **Direction de $\vec{f}$:** $\vec{f}$ a même direction que $\vec{v}$.

- **Sens de $\vec{f}$:** $\vec{f}$ est de sens opposé à $\vec{v}$.

- **Module de $\vec{f}$:** le module de $\vec{f}$ est d'autant plus grand que le module de $\vec{v}$ est grand : $\left\|\vec{f}\right\|$ est une fonction croissante de $\left\|\vec{v}\right\|$: $\left\|\vec{f}\right\|$ croît si $\left\|\vec{G}\right\|$ croît : ici on a $\left\|\vec{f}\right\|$ proportionnel à $\left\|\vec{v}\right\|$.

- **Coefficient de proportionnalité $k(r)$:** la force de frottement est due aux chocs des molécules composant l'air sur le satellite. Plus le satellite est haut, c'est-à-dire plus r est grand, moins il y a de molécules et plus la force de freinage s'exerçant sur le satellite est faible.

$k(r)$ étant une fonction décroissante de r (plus r est grand, plus $k(r)$ est petit), $\left\|\vec{f}(r)\right\|$ est une fonction décroissante de r ($r = \text{OS}$).

2) Cas d'une trajectoire elliptique

a) *Lieu où l'action de $\vec{f}(r)$ est maximale*

D'après la 1re loi de Kepler le centre de la Terre est l'un des 2 foyers de l'orbite du satellite autour de la Terre.

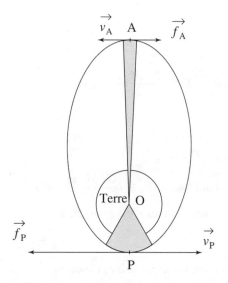

D'après la loi de Kepler (loi des aires) il en résulte que plus le satellite est proche de la Terre, plus sa vitesse est grande.

La vitesse du satellite est donc maximale à son périgée P et elle est minimale à son apogée A.

(Le périgée est le point de l'orbite le plus proche de la Terre et l'apogée est le point de l'orbite le plus éloigné de la Terre, ces deux points étant situés aux extrémités du grand axe de l'ellipse formant l'orbite du satellite.) $k(r)$ étant une fonction décroissante de r, $k(r)$ est maximale au périgée (P) et minimale à l'apogée (A).

Donc la force de frottement $f = \left|k(r)\right|\left\|\vec{v}\right\|$ est maximale au périgée (P) et minimale à l'apogée (A).

Donc sous l'action des forces de frottement, l'énergie mécanique diminue nettement plus au périgée qu'à l'apogée.

b) *Évolution de la forme de l'orbite*

Supposons en première approximation que l'énergie est essentiellement perdue lors du passage au périgée.

L'énergie mécanique se conserve donc en première approximation, entre 2 passages consécutifs au périgée.

L'énergie totale E vaut $\dfrac{E_P}{2}$ (en faisant l'approximation proposée).

avec $\quad E_P = -\dfrac{GMm}{r} < 0$

pour obtenir la même perte d'énergie totale, comme E est négatif, il faut que la diminution de r soit plus importante à l'apogée qu'au périgée, car r est plus grand à l'apogée qu'au périgée.

En effet, plus x est grand, plus il faut réduire x pour obtenir la même diminution pour la fonction $\dfrac{1}{x}$.

Ainsi peu à peu l'excentricité de l'orbite elliptique diminue et on obtient à la fin une orbite circulaire.

3) Freinage du satellite en orbite circulaire dans l'atmosphère terrestre

a) *Travail de la force de frottement lors d'un tour complet*

Par définition

$$dW = \vec{f} \cdot \vec{dl}$$

pour un tour, avec r pratiquement constant donc avec $k(r)$ pratiquement constant et v pratiquement constant ;

$$dW = -k(r) \cdot \vec{v} \cdot \vec{dl}$$

$\vec{v}$ et $\vec{dl}$ ayant toujours même sens

$$W = -k(r) \cdot v \cdot 2\pi \cdot r \quad (9)$$

($W < 0$: on a un travail résistant).

b) *Expressions de l'énergie mécanique du satellite*

D'après l'égalité (5), on a :

• pour une orbite circulaire de rayon r :

$$E = -\frac{G \cdot M \cdot m}{2r} \quad (10)$$

• pour l'orbite suivante de rayon $r + \Delta r$:

$$E' = -\frac{G \cdot M \cdot m}{2(r + \Delta r)} \quad (11)$$

Comme il y a perte d'énergie mécanique on a :
$$E' < E.$$

Comme E et $E' < 0$, il faut $r + \Delta r < r$

d'où : $\Delta r < 0$: **le rayon de l'orbite a diminué.**

c) *Variation de l'énergie mécanique du satellite quand il effectue une révolution complète*

• 1re méthode

Comme $\quad E' = E + W$

on a : $\quad \Delta E = E' - E = W = -2\pi k(r)v \quad (12)$

(il en résulte $\quad \Delta E < 0$)

• 2e méthode

$$\Delta E = E' - E$$

soit en utilisant les égalités (10) et (11)

$$\Delta E = -\frac{G \cdot M \cdot m}{2}\left(\frac{1}{r + \Delta r} - \frac{1}{r}\right)$$

$$\Delta E = -\frac{G \cdot M \cdot m}{2r}\left(\frac{1}{1 + \dfrac{\Delta r}{r}} - 1\right). \quad (13)$$

Comme $\quad \dfrac{\Delta r}{r} \ll 1$ et sachant que : $\left(1 + \dfrac{\Delta r}{r}\right)^{-1} \approx 1 - \dfrac{\Delta r}{r}$

l'égalité (13) devient :

$$\Delta E = \frac{G \cdot M \cdot m \cdot \Delta r}{2r^2} \quad (14)$$

($\Delta E < 0$ car $\Delta r < 0$).

d) *Analyse dimensionnelle de θ*

$$\theta = \frac{m}{k(r)}$$

m est une masse : $[m] = M$

($[x]$: veut dire dimension de x).

On a : $\qquad f = -k(r) \cdot v$

d'où : $\qquad k(r) = \dfrac{-f}{v}$

soit : $\qquad [k(r)] = \dfrac{[f]}{[v]}$

f est une force ; une force peut s'exprimer comme une masse multipliée par une accélération soit $[f] = [m][a] = M \cdot L \cdot T^{-2}$

(une accélération peut s'exprimer en m · s^{-2}).

De plus $[v] = L \cdot T^{-1}$

(une vitesse peut s'exprimer en m · s^{-1})

il en résulte $[k(r)] = \dfrac{M \cdot L \cdot T^{-2}}{L \cdot T^{-1}} = M \cdot T^{-1}$

d'où $[\theta] = \dfrac{M}{M \cdot T^{-1}} = T$

θ est homogène à un temps.

e) *Variation relative* $\dfrac{\Delta r}{r}$ *lors d'un tour*

Comparons les égalités (12) et (14)

$$\Delta E = -2\pi k(r)v \cdot r = \frac{G \cdot M \cdot m\Delta r}{2r^2}.$$

Comme $v = \sqrt{\dfrac{GM}{r}}$ (égalité (2)),

on a : $\quad -2\pi k(r)\sqrt{G \cdot M \cdot r} = \dfrac{GMm\Delta r}{2r^2}$

d'où : $\quad \dfrac{\Delta r}{r} = -\dfrac{4\pi k(r)}{m}\sqrt{\dfrac{r^3}{GM}}.$

Or d'après l'égalité (3)

$$T = 2\pi\sqrt{\frac{r^3}{GM}}$$

On a alors : $\quad \dfrac{\Delta r}{r} = -\dfrac{2k(r)}{m} \cdot T$

Soit : $\quad \dfrac{\mathbf{D}r}{r} = -\dfrac{2T}{\mathbf{j}} \quad$ (15) avec $\theta = \dfrac{m}{k(r)}.$

f) *Variations relatives de la vitesse et de l'énergie cinétique lors d'une révolution*

• De l'égalité (4) on a :

$$E_K = \frac{GMm}{2r}$$

Un tour après r est devenu $r + \Delta r$ et E_K est devenu E_K' avec

$$E_K' = \frac{1}{2}\frac{GMm}{r + \Delta r}$$

soit : $\quad E_K' = \dfrac{1}{2}\dfrac{GMm}{r}\left(\dfrac{1}{1 + \dfrac{\Delta r}{r}}\right).$

Comme $\dfrac{\Delta r}{r} \ll 1$, on a :

$$E_K' = \frac{GMm}{2r}\left(1 - \frac{\Delta r}{r}\right)$$

d'où : $\quad \Delta E_K = E_K' - E_K = \dfrac{GMm}{2r}\left(1 - \dfrac{\Delta r}{r} - 1\right)$

soit : $\quad \Delta E_K = -\dfrac{GMm}{2r}\dfrac{\Delta r}{r}$

ou encore : $\quad \Delta E_K = -E_K \cdot \dfrac{\Delta r}{r}$

soit : $\qquad\qquad \dfrac{\Delta E_K}{E_K} = -\dfrac{\Delta r}{r} = \dfrac{2T}{\theta} \qquad\qquad$ (15)

• Par définition

$$E_K = \frac{1}{2}mv^2$$

et $E_K' = \frac{1}{2}mv'^2 = \frac{1}{2}m(v + \Delta v)^2$

soit $E_K' = \frac{1}{2}mv^2\left(1 + \frac{\Delta v}{v}\right)^2$

comme $\frac{\Delta v}{v} \ll 1$, on a :

$$E_K' = \frac{1}{2}mv^2\left(1 + \frac{2\Delta v}{v}\right)$$

d'où : $\Delta E_K = E_K' - E_K = \frac{1}{2}mv^2\left(1 + \frac{2\Delta v}{v} - 1\right)$

soit : $\Delta E_K = E_K\frac{2\Delta v}{v}$

ou encore $\frac{\Delta E_K}{2E_K} = \frac{\Delta v}{v}$

soit $\frac{\Delta v}{v} = \frac{T}{\theta}$ (16)

On constate que, si l'on freine, l'énergie cinétique et la vitesse augmentent ! (D'après les égalités (15) et (16).)

Cela provient du fait que, lorsque l'énergie mécanique du satellite diminue lors du freinage, la diminution de son énergie potentielle est encore plus importante :

$\Delta E_P = 2\Delta E$, ce qui implique une augmentation de l'énergie cinétique $(\Delta E_K = \Delta E)$ d'où une augmentation de la vitesse.

11. LA COMÈTE DE SHOEMAKER-LEVY P9

1 **La comète considérée comme un satellite de Jupiter**

1) Nature du mouvement de G, centre d'inertie de la comète

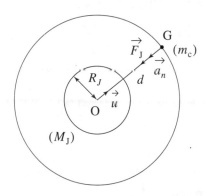

On se place dans le repère jovicentrique assimilable à un repère galiléen.

• Le mouvement est circulaire car la distance $OG = d$ est constante : la trajectoire du centre d'inertie G de la comète est portée par un cercle de centre O et de rayon d.

• Appliquons le théorème du centre d'inertie à la comète se déplaçant suivant un mouvement circulaire autour de la comète

On a $\quad \sum \overrightarrow{\text{forces}} = m_c \vec{a}$

m_c étant la masse de la comète.

La seule force appliquée dans ce repère à la comète est la force d'attraction jovienne ;

d'où : $\quad \sum \overrightarrow{\text{forces}} = \vec{F}_J = \dfrac{-KM_J m_c}{d^2} \vec{u} = m_c \vec{a}$

il en résulte $$\vec{a} = \dfrac{-KM_J \vec{u}}{d^2} \qquad (1)$$

l'accélération de G : $\vec{a}$ a même direction que $\vec{v}$ et est de sens opposé à $\vec{u}$: $\vec{a}$ est donc une accélération centripète soit :

$$\vec{a} = \vec{a}_n$$

avec $$\vec{a}_n = -\dfrac{v^2}{d} \vec{u} \qquad (2)$$

v étant la vitesse de la comète.

Comme $\vec{a} = \vec{a}_n + \vec{a}_t$, avec $\vec{a}_t$ accélération tangentielle de la comète, il en résulte

$$\vec{a}_t = \vec{a} - \vec{a}_n = \vec{0} \quad \text{dans le cas étudié}$$

on a donc $\quad a_t = \dfrac{dv}{dt} = 0 \quad$ d'où $\quad v = $ constante.

Le mouvement de G est donc circulaire (rayon $d = \text{OG}$ constant) **et uniforme** ($v = $ constante).

2) Expression de la période T

La période T de la comète autour de Jupiter est définie par :

$$T = \frac{\text{périmètre de la trajectoire de la comète}}{\text{vitesse de la comète}}$$

$$T = \frac{2\pi d}{v} \qquad (3)$$

Des relations (1) et (2) on a :

$$\frac{KM_J}{d^2} = \frac{v^2}{d}$$

d'où $\quad v = \sqrt{\dfrac{KM_J}{d}}.$

L'égalité (3) devient :

$$T = 2\pi d \sqrt{\frac{d}{KM_J}}$$

soit

$$\boxed{T = 2\pi \sqrt{\frac{d^3}{KM_J}}}$$

3) Valeur numérique de la période T

Application numérique : $\quad d = 8 \times 71\,400 \text{ km} = 5{,}712 \cdot 10^8 \text{ m}$

$$M_J = 1{,}91 \cdot 10^{27} \text{ kg}$$

$$T = 240\,300 \text{ s} \approx \textbf{2 j 18 h 45 min.}$$

---

2   Cause de la fragmentation de la comète - Limite de Roche

1) Bilan des forces s'exerçant sur chaque sphère de la comète

(Schéma non à l'échelle)

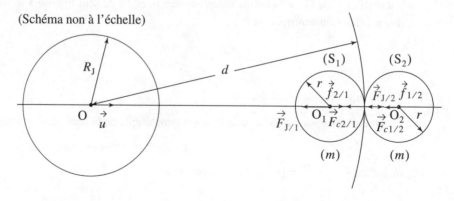

• La sphère (S_1) est soumise aux forces :

$\vec{F}_{J/1}$: attraction de Jupiter sur la sphère (S_1)

$\vec{f}_{2/1}$: attraction de la sphère (S_2) sur la sphère (S_1)

$\vec{F}_{c2/1}$: force de contact de la sphère (S_2) sur la sphère (S_1).

Les 2 premières forces s'appliquent en O_1, la troisième en G.

• La sphère (S_2) est soumise aux forces :

$\vec{F}_{J/2}$: attraction de Jupiter sur la sphère (S_2)

$\vec{f}_{1/2}$: attraction de la sphère (S_1) sur la sphère (S_2)

$\vec{F}_{c1/2}$: force de contact de la sphère (S_1) sur la sphère (S_2).

Les 2 premières forces s'appliquent en O_2, la troisième en G.

2) Expression de ω^2

Le repère jovicentrique étant considéré comme galiléen on a :

pour la sphère (S_1)

$$\sum \overrightarrow{forces/1} = m\,\vec{a}_1$$

Soit
$$\vec{F}_{J/1} + \vec{f}_{2/1} + \vec{F}_{c2/1} = m\,\vec{a}_1 \qquad (4)$$

pour la sphère (S_2)

$$\sum \overrightarrow{forces/2} = m\,\vec{a}_2$$

Soit
$$\vec{F}_{J/2} + \vec{f}_{1/2} + \vec{F}_{c1/2} = m\,\vec{a}_2 \qquad (5)$$

Comme $\quad \vec{F}_{J/1} = \dfrac{-KM_J m\,\vec{u}}{(d-r)^2}$ et $\vec{F}_{J/2} = \dfrac{-KM_J m\,\vec{u}}{(d+r)^2}$

$$\vec{f}_{2/1} = \frac{Km^2}{4r^2}\vec{u} = -\vec{f}_{1/2}$$

$$\vec{F}_{c2/1} = -\vec{F}_{c1/2} = -F_c\,\vec{u}$$

$$\vec{a}_1 = -m\,\omega^2(d-r)\vec{u}$$

et
$$\vec{a}_2 = -m\,\omega^2(d+r)\vec{u}$$

(ω étant la vitesse angulaire de rotation commune aux centres d'inertie O_1 et O_2 des 2 sphères).

L'égalité (4) devient :

$$-\frac{KM_J m\,\vec{u}}{(d-r)^2} + \frac{Km^2}{4r^2}\vec{u} - F_c\vec{u} = -m\,\omega^2(d-r)\vec{u} \qquad (4')$$

soit $\quad \omega^2(d-r) = \dfrac{KM_J}{(d-r)^2} - \left(\dfrac{Km}{4r^2} + \dfrac{F_c}{m}\right)$

d'où :
$$\omega^2 = \frac{K \cdot M_J}{(d-r)^3} - \frac{Km}{4r^2(d-r)} + \frac{F_c}{m(d-r)} \qquad (6)$$

De même, l'égalité (5) devient :

$$\frac{-KM_J m \vec{u}}{(d+r)^2} - \frac{Km^2}{4r^2}\vec{u} + F_c\vec{u} = -m\omega^2(d+r)\vec{u} \qquad (5')$$

soit : $\quad \omega^2(d+r) = \dfrac{KM_J}{(d+r)^2} + \dfrac{Km}{4r^2} - \dfrac{F_c}{m}$

d'où :
$$\omega^2 = \frac{K \cdot M_J}{(d+r)^3} + \frac{Km}{4r^2(d+r)} - \frac{F_c}{m(d+r)} \qquad (7)$$

3) Valeur de F_c quand le contact cesse

Quand le contact disparaît entre les 2 sphères, les forces de contact s'annulent : on a $F_c = 0$.

4) a) *Expression de la limite de Roche*

Quand $d = d_R$ on a $F_c = 0$, et la distance entre les 2 sphères vaut encore $2r$.
En utilisant les égalités (6) et (7) on obtient :

$$\omega^2 = \frac{KM_J}{(d_R-r)^3} - \frac{Km}{4r^2(d_R-r)} = \frac{KM_J}{(d_R+r)^3} + \frac{Km}{4r^2(d_R+r)}$$

d'où : $\quad M_J\left[\dfrac{1}{(d_R-r)^3} - \dfrac{1}{(d_R+r)^3}\right] = \dfrac{m}{4r^2}\left[\dfrac{1}{d_R-r} + \dfrac{1}{d_R+r}\right]$

soit : $\quad \dfrac{M_J}{d_R^3}\left[\dfrac{1}{\left(1-\dfrac{r}{d_R}\right)^3} - \dfrac{1}{\left(1+\dfrac{r}{d_R}\right)^3}\right] = \dfrac{m}{4r^2 d_R}\left[\dfrac{1}{1-\dfrac{r}{d_R}} + \dfrac{1}{1+\dfrac{r}{d_R}}\right].$

Sachant que $(1+\varepsilon)^{-3} = 1 - 3\varepsilon$ et $(1+\varepsilon)^{-1} = 1 - \varepsilon$ l'égalité précédente devient :

$$\frac{M_J}{d_R^2}\left[\left(1+\frac{3r}{d_R}\right) - \left(1-\frac{3r}{d_R}\right)\right] = \frac{m}{4r^2}\left[\left(1+\frac{r}{d_R}\right) + \left(1-\frac{r}{d_R}\right)\right]$$

soit $\quad \dfrac{M_J}{d_R^2}\cdot\left(\dfrac{6r}{d_R}\right) = \dfrac{m}{4r^2} \cdot (2)$

d'où :
$$\frac{6r \cdot M_J}{d_R^3} = \frac{m}{2r^2} \qquad (8)$$

il en résulte :
$$d_R = \left(\frac{12M_J}{m}\right)^{\frac{1}{3}} \cdot r. \qquad (9)$$

b) *Expression de force d'attraction mutuelle f*

$f = \dfrac{Km^2}{4r^2}$ $\quad$ (cf. **2.2**)).

Or d'après l'égalité (8) $\quad \dfrac{m}{4r^2} = \dfrac{3rM_J}{d_R^3}$

d'où :
$$f = \frac{36 \cdot K \cdot M_J \cdot r^4}{d_R^6} \qquad (10)$$

5) **Expression de d_R en fonction de μ_J et μ_c**

Par définition la masse volumique vaut

$$\mu = \frac{\text{masse}}{\text{volumique}}$$

on a donc $\quad \mu_J = \dfrac{M_J}{\dfrac{4}{3}\pi R_J^3} \quad$ et $\quad \mu_c = \dfrac{m}{\dfrac{4}{3}\pi r^3}$

il en résulte :

$$\frac{\mu_J}{\mu_c} = \frac{\dfrac{M_J}{\dfrac{4}{3}\pi R_J^3}}{\dfrac{m}{\dfrac{4}{3}\pi r^3}} = \frac{M_J}{m} \cdot \frac{r^3}{R_J^3}$$

d'où $\quad \dfrac{M_J}{m} = \dfrac{\mu_J}{\mu_c} \cdot \dfrac{R_J^3}{r^3}.$

L'égalité (9) devient :

$$d_R = \left(12\frac{\mu_J}{\mu_c} \cdot \frac{R_J^3}{r^3}\right)^{\frac{1}{3}} \cdot r$$

soit

$$d_R = \left(12\frac{\mu_J}{\mu_c}\right)^{\frac{1}{3}} R_J \tag{11}$$

6) **a)** *Composition de la comète*

$\mu_c = 1\,000$ kg/m^3 est la masse volumique de l'eau : la comète est probablement formée principalement de **glace**.

b) *Masse volumique de Jupiter*

$\mu_J = \dfrac{M_J}{\dfrac{4}{3}\pi R_J^3}$ avec $M_J = 1,91 \cdot 10^{27}$ kg et $R_J = 7,14 \cdot 10^7$ m

soit $\quad \mu_J = \mathbf{1,25 \cdot 10^3}$ **kg · m**$^{-3}$.

c) *Valeur de la limite de Roche*

En utilisant l'égalité (11) on obtient avec les résultats précédents :
$$d_R = 2,47 R_J$$

soit $\quad d_R = \mathbf{176\,000}$ **km.**

Remarque

Les anneaux de Jupiter ainsi que les 2 premiers très petits satellites de Jupiter : Métis et Adrasteia se trouvent à environ 128 000 km du centre de Jupiter, alors que 1er satellite relativement important : Amalthée se trouve à 181 000 km de ce centre. La valeur trouvée pour d_R est située entre ces 2 valeurs : elle est donc plausible.

3   **Influence des forces de cohésion : fragmentation de la comète**

1) a) *Comparaison de d_0 et d_R*

$$d_0 = 1{,}5 R_J \quad d_R = 2{,}47 R_J$$

on a : $d_0 < d_R$.

b) *Interprétation : existence de forces de cohésion*

Si on néglige les forces de cohésion comme $d_0 < d_R$, les 2 sphères ne sont plus en contact (*cf.* **2.4**)). Pour que les sphères soient en contact pour $d < d_R$ il faut admettre l'existence de forces de cohésion $\vec{F}_{coh}$ qui ont pour chacune des 2 sphères même direction et même sens que la force d'attraction $\vec{f}$.

Plus les forces qui retiennent ensemble les 2 sphères sont importantes, plus la différence d'attraction de Jupiter sur les 2 sphères doit être grande c'est-à-dire plus $KM_J m \left(\dfrac{1}{(d-r)^2} - \dfrac{1}{(d+r)^2} \right)$ doit être grand pour fractionner la comète.

(C'est la différence des forces d'attraction de Jupiter sur les 2 sphères qui tend à les séparer, les forces de cohésion et d'attraction mutelles tendant à les maintenir en contact).

Comme K, M_J et m sont constants, il faut $\dfrac{1}{(d-r)^2} - \dfrac{1}{(d+r)^2}$ plus grand

soit $\dfrac{1}{d^2} \left(\dfrac{1}{\left(1 - \dfrac{r}{d}\right)^2} - \dfrac{1}{\left(1 + \dfrac{r}{d}\right)^2} \right)$ plus grand

soit $\dfrac{1}{d^2} \left[\left(1 - \dfrac{r}{d}\right)^{-2} - \left(1 + \dfrac{r}{d}\right)^{-2} \right]$ plus grand

comme $\dfrac{r}{d} \ll 1$, l'expression précédente devient :

$$\dfrac{1}{d^2} \left[1 + \dfrac{2r}{d} - \left(1 - \dfrac{2r}{d}\right) \right]$$

soit $\dfrac{4r}{d^3}$.

r étant constant, pour que $\dfrac{4r}{d^3}$ devienne plus grand, il faut que d diminue : on a donc, si les forces de cohésions existent, $d < d_R$.

2) **Expression de la force de cohésion en fonction de M_J, m, r et d_0**

a) On a le même bilan des forces qu'au **2)** de la deuxième partie, on rajoute simplement les forces de cohésion qui ont même sens que les forces d'attraction mutuelle des 2 sphères.

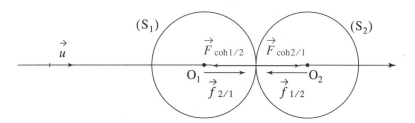

Cela revient à remplacer, dans les équations écrites aux **2)**, **3)** et **4)** de la deuxième partie, f par $f + F_{coh}$ et d_R par d_0. (S'il n'y a pas de force de cohésion on a $d_0 = d_R$.)

D'où en utilisant l'égalité (10)

pour $F_{coh} = 0$ on a :

$$f = \frac{36 \cdot K \cdot M_J \cdot r^4}{d_R^6} \qquad (10)$$

et pour $F_{coh} \neq 0$ on obtient :

$$f + F_{coh} = \frac{36 \cdot K \cdot M_J \cdot r^4}{d_0^6} \qquad (12)$$

b) *Relation entre F_{coh} et f*

En comparant les égalités (12) et (10) on a :

$$F_{coh} = \frac{36 \cdot K \cdot M_J \cdot r^4}{d_0^6} - f = \frac{36 \cdot K \cdot M_J \cdot r^4}{d_0^6} - \frac{36 \cdot K \cdot M_J \cdot r^4}{d_R^6}$$

$$F_{coh} = \frac{36 \cdot K \cdot M_J \cdot r^4}{d_R^6}\left[\left(\frac{d_R}{d_0}\right)^6 - 1\right]$$

soit :

$$F_{coh} = f\left[\left(\frac{d_R}{d_0}\right)^6 - 1\right] \qquad (13)$$

c) *Détermination de α*

Comme

$$F_{coh} = f\,\alpha \qquad (14)$$

En comparant les égalités (13) et (14) on a :

$$\alpha = \frac{d_R^3}{d_0^3} - 1$$

Application numérique : $d_R = 2{,}47\,R_J$ $d_0 = 1{,}5\,R$.

On a $\alpha = \mathbf{3{,}465.}$

3) a) *Expression de la force de cohésion par unité de surface :* f_{coh}

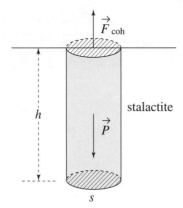

On a $\vec{F}_{coh} + \vec{P} = \vec{0}$
d'où en module
$F_{coh} = P$
(P = poids de la stalactite
$P = \mu_c \times s \times h \times g$)
h : hauteur de la stalactite
s : aire de la section de la stalactite.

Quand on est à la limite de rupture $h = h_{lim}$

d'où : $\quad F_{coh} = f_{coh} \times s = \mu_c \times s \times h_{lim} \times g$

soit $\qquad\qquad\qquad f_{coh} = m_c \times h_{lim} \times g$ $\qquad\qquad$ (15)

b) *Valeur de* f_{coh}

$\mu_c = 1\ 000$ kg/m^3 $\qquad h_{lim} = 3{,}0$ m $\qquad g = 9{,}8$ m/s^2

$$f_{coh} = 2{,}94 \cdot 10^4 \text{ N/m}^2.$$

4) a) *Relation liant* r *et* r'

Si le cube d'arête r' a la même masse que la sphère de rayon r, comme la masse volumique μ_c est la même dans les 2 cas, il en résulte que le cube et la sphère ont même volume

d'où : $\qquad\qquad r'^3 = \dfrac{4}{3}\pi r^3$

soit $\qquad\qquad r' = \left(\dfrac{4}{3}\pi\right)^{\frac{1}{3}} \cdot r$

ou encore $\qquad\qquad\qquad r' = 1{,}612r.$ $\qquad\qquad$ (16)

b) *Relation entre* r, f_{coh}, μ_c *et* α

La surface d'une face du cube étant $s = r'^2$,

on a : $\qquad\qquad F_{coh} = f_{coh} \times s = f_{coh} \times r'^2$ $\qquad\qquad$ (17)

D'après les relations (16) et (17)

on a : $\qquad\qquad f \cdot \alpha = f_{coh} \times r'^2$ $\qquad\qquad$ (18)

avec $f = \dfrac{Km^2}{4r^2}$, $\quad m = \mu_c \cdot r'^3$ $\quad$ et $\quad r' = 1{,}612r$

l'égalité (18) devient :

$$\dfrac{Km^2}{4r^2} \cdot \alpha = f_{coh} \times 1{,}612^2 r^2$$ $\qquad\qquad$ (19)

Comme $m = \mu_c \cdot r'^3 = \mu_c \times (1{,}612)^3 r^3$

l'égalité (19) devient :

$$\frac{K\mu_c^2 \times (1{,}612)^6 \cdot r^6}{4r^2} \cdot \alpha = f_{coh} \times (1{,}612)^2 r^2$$

soit

$$r = \frac{2}{(1{,}612)^2 \cdot m} \sqrt{\frac{f_{coh}}{K \cdot a}}$$

c) *Dimensions d'un morceau de comète*

avec $f_{coh} = 2{,}94 \cdot 10^4$ N/m^2 $\alpha = 19{,}94$

$\mu_c = 1\,000$ kg/m^3 $K = 6{,}67 \cdot 10^{-11}$ u. S.I.

On obtient $r = \mathbf{3{,}6}$ **km.**

L'ordre de grandeur de ce résultat est conforme aux observations : les fragments de la comète de Shoemaker-Levy avaient une « dimension » de quelques kilomètres.

12. L'EXPANSION DE L'UNIVERS

1) Détermination de la constante de Hubble : H

a) *Détermination graphique de H*

D'après la figure 1 on constate que la vitesse de récession des galaxies est sensiblement proportionnelle à leur distance par rapport à nous.

Comme $v = H \cdot r$

H représente la pente de la droite $v = f(r)$ passant par l'origine.

On constate que pour $v = 600$ km/s on a $r = 35$ millions d'années lumière.

D'où : $H = \dfrac{600}{35} \approx 17$ **km** $\cdot$ **s**$^{-1}$ $\cdot$ **Mal**$^{-1}$

> **Remarque**
>
> $v = 600$ km/s est très petit par rapport à la vitesse de la lumière dans le vide
> c : 300 000 km/s.

b) *Valeurs de H en* s^{-1} *et* an^{-1}

L'année lumière étant la distance parcourue par la lumière dans le vide en 1 an on a :

$$1\,\text{al} = 365,25 \times 86\,400 \times 3 \cdot 10^8$$

$$= 9,47 \cdot 10^{15} \text{ m}$$

(l'année dure 365,25 j et dans 1 j il y a 86 400 s)

d'où $H = \dfrac{600 \text{ km/s}}{35 \cdot 10^6 \text{ al}} = \dfrac{600 \times 10^3}{35 \cdot 10^6 \times 9,47 \cdot 10^{15}}$

$H = 1,8 \cdot 10^{-18}$ **s**$^{-1}$.

Sachant que $1\,\text{an} = 365,25 \times 86\,400 = 3,16 \cdot 10^7$ s

1 s$^{-1} = 3,16 \cdot 10^7$ an^{-1}

d'où : $H = 1,8 \cdot 10^{-18} \times 3,16 \cdot 10^7$

soit $H = 5,7 \cdot 10^{-11}$ **an**$^{-1}$.

c) *Expansion de l'Univers à vitesse constante ou pas*

De la valeur précédente de H on en déduit :

$$H^{-1} = \frac{1}{H} = 1,75 \cdot 10^{10} \text{ ans}$$

soit $H^{-1} \approx 17,5$ milliards d'années.

Or on estime l'âge de l'Univers à environ 15 milliards d'années. H^{-1} correspond au temps qui se serait écoulé depuis le Big Bang si l'expansion avait eu lieu à vitesse constante. L'âge effectif estimé par ailleurs étant inférieur à H^{-1}, cela impliquerait que la vitesse d'expansion de l'Univers ne se fait pas à vitesse vraiment constante. D'après les dernières découvertes en Astrophysique, elle aurait tendance à augmenter avec l'âge de l'Univers.

2) Expansion de l'Univers : limitée ou pas ?

a) *Énergie cinétique d'une couche d'Univers*

Soit dE_K l'énergie cinétique d'une couche d'Univers comprise entre les rayons r et $r = dr$.

On a : $dE_K = \dfrac{1}{2} \cdot dm \cdot v^2$

avec $dm = \rho \times 4\pi r^2 \times dr$

et $v = H \cdot r$

d'où $dE_K = \dfrac{1}{2} \rho \times 4\pi r^2 \times H^2 \cdot r^2 \, dr$

soit $\mathbf{dE_K = 2\pi\rho H^2 r^4 \, dr.}$

b) *Énergie cinétique E_{K_u} de l'Univers*

$$E_{K_u} = \int_0^R 2\pi\rho H^2 r^4 \, dr$$

d'où : $\mathbf{E_{K_u} = \dfrac{2\pi\rho H^2 R^5}{5}.}$

c) *Énergie potentielle gravitationnelle E_{P_u} de l'Univers*

α) Masse d'une sphère de rayon $r < R$

$$\mathbf{m(r) = \dfrac{4}{3} \, p \, r^3 r.}$$

β) Énergie potentielle d'une couche de l'Univers

$$dE_P = \dfrac{-K}{r} \, m(r) \, dm.$$

Comme $dm = 4\pi r^2 \rho \, dr$ (*cf.* **2 a**)).

On a $dE_P = \dfrac{-K}{r} \cdot \dfrac{4}{3}\pi r^3 \rho \cdot 4\pi r^2 \, \rho \, dr$

d'où $\mathbf{dE_P = \dfrac{-16\pi^2}{3} K\rho^2 r^4 \, dr.}$

γ) Énergie potentielle de l'Univers

$$E_{Pu} = \int_0^R \dfrac{-16\pi^2}{3} K\rho^2 r^2 \, dr$$

d'où : $\mathbf{E_{Pu} = \dfrac{-16}{15}\pi^2 K\rho^2 R^5}$

d) *Énergie totale de l'Univers*

$$E_u = E_{K_u} + E_{P_u}$$

soit $E_u = \dfrac{2\pi\rho H^2 R^5}{5} - \dfrac{16}{15} H^2 K\rho^2 R^5$

$$E_u = \dfrac{2\pi\rho}{5} R^5 \left(H^2 - \dfrac{8}{3}\pi K\rho \right).$$

Comme la masse de l'Univers vaut :

$$M_u = \frac{4}{3}\pi R^3 \rho$$

$$E_u = \frac{3}{10}M_u \cdot R^2\left(H^2 - \frac{8}{3}\pi K\rho\right).$$

e) *Masse volumique critique de l'Univers*

L'énergie totale de l'Univers est nulle si $\rho = \rho_c$: masse volumique critique.

D'où $H^2 - \frac{8}{3}\pi K\rho_c = 0$

soit $\rho_c = \dfrac{3H^2}{8pK}.$

Application numérique : avec $H = 1,8 \cdot 10^{-18}$ s^{-1} et $K = 6,67 \cdot 10^{-11}$ u. S.I.

On a : $\rho_c = \textbf{5,8} \cdot \textbf{10}^{-27}$ **kg · m**$^{-3}$

ou encore $\rho_c = \dfrac{5,8 \cdot 10^{-27}}{1,67 \cdot 10^{-27}}$

soit : $\rho_c = \textbf{3,5 m}_P\textbf{/m}^3.$

La masse volumique critique de l'Univers est de 3,5 protons par m^3 dans le cadre de ce modèle.

f) *Évolution de l'Univers*

Déterminer la masse volumique actuelle de l'Univers permettrait de prévoir si l'expansion de l'Univers est infinie : $E < 0$ donc $\rho > \rho_c$, ou si l'Univers est oscillant : $E > 0$ donc $\rho < \rho_c$.

Les valeurs actuellement déterminées pour ρ ne sont pas assez précises pour trancher. Cependant le 1er cas : expansion de l'Univers infinie, c'est-à-dire $\rho > \rho_c$, semble le plus probable.

13. BOBINES DE HELMOLTZ

1 Champ magnétique créé par une bobine circulaire plate

1) Direction et sens de $\overrightarrow{B_{1(O_1)}}$

Vue du dessus

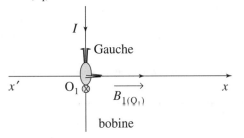

figure 1

Le champ magnétique $\overrightarrow{B_{1(O_1)}}$ créé par la bobine plate en O_1, porté par l'axe $x'x$ a son sens donné par la règle de l'observateur d'Ampère :

cet observateur se couche sur la bobine, le courant lui entrant par les pieds et lui sortant par la tête, il regarde l'intérieur de la bobine et il tend le bras gauche : ce dernier indique alors le sens de $\overrightarrow{B_{1(O_1)}}$.

2) Valeur de $B_{1(O_1)}$

$$B_{1(O_1)} = \frac{\mu_0 NI}{2R} = \frac{4 \cdot \pi \cdot 10^{-7} \times 500 \times 2}{2 \times 0,16} \quad (1)$$

$$B_{1(O_1)} = \textbf{3,93 mT.}$$

2 Champ magnétique créé par les bobines de Helmoltz

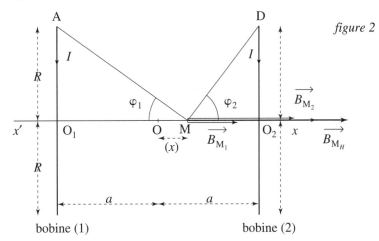

figure 2

1) Détermination de $\sin\varphi_1$ et $\sin\varphi_2$

$$\sin\varphi_1 = \frac{O_1A}{AM} = \frac{R}{AM}$$
$$AM^2 = O_1A^2 + O_1M^2$$
soit $\quad AM^2 = R^2 + (a+x)^2$

d'où : $\sin f_1 = \dfrac{R}{\sqrt{R^2 + (a+x)^2}}$ $\quad$ (2)

$$\sin\varphi_2 = \frac{O_2D}{DM} = \frac{R}{AM}$$
$$DM^2 = DO_2^2 + O_2M^2$$
$$DM^2 = R^2 + (a-x)^2$$

$\sin f_2 = \dfrac{R}{\sqrt{R^2 + (a-x)^2}}$ $\quad$ (3)

2) Détermination de $\overrightarrow{B_{M_1}}$ et $\overrightarrow{B_{M_2}}$

$\overrightarrow{B_{M_1}}$ et $\overrightarrow{B_{M_2}}$, champs magnétiques créés par les bobines (1) et (2) en M, ont, comme le sens du courant est le même dans les 2 bobines, même sens sur l'axe $x'x$ qui les porte. Ce sens est déterminé par la règle de l'observateur d'Ampère (*cf.* 1)1)) : voir figure 2.
Leurs modules respectifs valent :

$$B_{M_1} = \frac{\mu_0 NI}{2R} \sin^3\varphi_1$$

et $\quad B_{M_2} = \dfrac{\mu_0 NI}{2R} \sin^3\varphi_2.$

D'après les relations (2) et (3) on a :

$$B_{M_1} = \frac{\mu_0 NI}{2R} \frac{R^3}{[R^2 + (a+x)^2]^{3/2}} \quad (4)$$

$$B_{M_2} = \frac{\mu_0 NI}{2R} \frac{R^3}{[R^2 + (a-x)^2]^{3/2}} \quad (5)$$

3) Champ magnétique résultant $\overrightarrow{B_{M_{(H)}}}$ en M

$$\overrightarrow{B_{M(H)}} = \overrightarrow{B_{M_1}} + \overrightarrow{B_{M_2}}$$

Les champs magnétiques $\overrightarrow{B_{M_1}}$ et $\overrightarrow{B_{M_2}}$ ayant même direction et même sens $\overrightarrow{B_{M_{(H)}}}$ a même direction et même sens qu'eux (*cf.* figure 2)
Il en résulte : $B_{M_{(H)}} = B_{M_1} + B_{M_2}.$

Soit, en utilisant les égalités (4) et (5) :

$$B_{M_{(H)}} = \frac{\mu_0 NI}{2R} \left[\frac{R^3}{(R^2 + (a+x)^2)^{3/2}} + \frac{R^3}{(R^2 + (a-x)^2)^{3/2}} \right] \quad (6)$$

4) Champ magnétique résultant en O : $\overrightarrow{B_{M_{(H)}}}$

$\overrightarrow{B_{O_{(H)}}}$ a même direction et même sens que $\overrightarrow{B_{M_{(H)}}}$
O correspond au point M d'abscisse $x = 0$.
On a donc, en posant $x = 0$ dans la relation (6)

$$B_{O_{(H)}} = \frac{\mu_0 NI}{2R} \left[\frac{R^3}{(R^2 + a^2)^{3/2}} + \frac{R^3}{(R^2 + a^2)^{3/2}} \right]$$

Soit : $\quad B_{O_{(H)}} = \dfrac{\mu_0 NIR^2}{(R^2 + a^2)^{3/2}} \quad (7)$

5) Expression de $B_{M_{(H)}}$ en fonction de $B_{O_{(H)}}$, R, a et x

Faisons le rapport des égalités (6) et (7) ; on a :

$$\frac{B_{M_{(H)}}}{B_{O_{(H)}}} = \frac{\dfrac{\mu_0 NIR^2}{2}\left[\dfrac{1}{(R^2+(a+x)^2)^{3/2}} + \dfrac{1}{(R^2+(a-x)^2)^{3/2}}\right]}{\dfrac{\mu_0 NIR^2}{(R^2+a^2)^{3/2}}}$$

soit : $\quad B_{M_{(H)}} = \dfrac{B_{O_{(H)}}}{2}\left[\dfrac{1}{\left(\dfrac{R^2+(a+x)^2}{R^2+a^2}\right)^{3/2}} + \dfrac{1}{\left(\dfrac{R^2+(a-x)^2}{R^2+a^2}\right)^{3/2}}\right]$

d'où en développant :

$$B_{M_{(H)}} = \dfrac{B_{O_{(H)}}}{2}\left[\dfrac{1}{\left(\dfrac{R^2+a^2+2ax+x^2}{R^2+a^2}\right)^{3/2}} + \dfrac{1}{\left(\dfrac{R^2+a^2-2ax+x^2}{R^2+a^2}\right)^{3/2}}\right]$$

soit : $\quad B_{M_{(H)}} = \dfrac{B_{O_{(H)}}}{2}\left[\dfrac{1}{\left(1+\dfrac{2ax+x^2}{R^2+a^2}\right)^{3/2}} + \dfrac{1}{\left(1+\dfrac{(-2ax+x^2)}{R^2+a^2}\right)^{3/2}}\right]$

d'où : $\quad B_{M_{(H)}} = \dfrac{B_{O_{(H)}}}{2}\left[\left(1+\dfrac{2ax+x^2}{R^2+a^2}\right)^{-3/2} + \left(1+\dfrac{(-2ax+x^2)}{R^2+a^2}\right)^{-3/2}\right]$

d'où : $\quad B_{M_{(H)}} = k\, B_{O_{(H)}}\left[(1+\varepsilon)^n + (1+\varepsilon')^{n'}\right]$

avec : $\quad k = \dfrac{1}{2} \quad \varepsilon = \dfrac{2ax+x^2}{R^2+a^2} \quad \varepsilon' = \dfrac{-2ax+x^2}{R^2+a^2} \quad n = n' = \dfrac{3}{2}.$

6) Développement des expressions $(1+\varepsilon)^n$ et $(1+\varepsilon')^{n'}$ au 4e ordre en x

• Développement de $(1+\varepsilon)^n$:

$$\left(1+\dfrac{2ax+x^2}{R^2+a^2}\right)^{-3/2} = 1 + \left(-\dfrac{3}{2}\right)\left(\dfrac{2ax+x^2}{R^2+a^2}\right)$$

$$+ \left(-\dfrac{3}{2}\right)\left(-\dfrac{5}{2}\right)\cdot\dfrac{1}{2}\cdot\left(\dfrac{4a^2x^2+4ax^3+x^4}{(R^2+a^2)^2}\right)$$

$$+ \left(-\dfrac{3}{2}\right)\left(-\dfrac{5}{2}\right)\left(-\dfrac{7}{2}\right)\cdot\dfrac{1}{6}\cdot\dfrac{8a^3x^3+3\times 4a^2x^4+\cdots}{(R^2+a^2)^3}$$

$$+ \left(-\dfrac{3}{2}\right)\left(-\dfrac{5}{2}\right)\left(-\dfrac{7}{2}\right)\left(-\dfrac{9}{2}\right)\cdot\dfrac{1}{24}\cdot\dfrac{16a^4x^4+\cdots}{(R^2+a^2)^4}$$

soit :

$$\left(1+\dfrac{2ax+x^2}{R^2+a^2}\right)^{-3/2} = 1 - \dfrac{3}{2}\left(\dfrac{2ax+x^2}{R^2+a^2}\right) + \dfrac{15}{8}\dfrac{(4a^2x^2+4ax^3+x^4)}{(R^2+a^2)^2}$$

$$- \dfrac{35}{16}\cdot\dfrac{(8a^3x^3+12a^2x^4)}{(R^2+a^2)^3} + \dfrac{315}{8}\cdot\dfrac{a^4x^4}{(R^2+a^2)^4}. \qquad (8)$$

(On ne tient pas compte des termes en x de puissance supérieure à 4).

• Développement de $(1 + \varepsilon')^{n'}$:

On constate que $n = n'$ et que l'on passe de ε à ε' en changeant x en $-x$.

Il en résulte que le développement de $(1 + \varepsilon')^n$ est obtenu à partir du développement de $(1 + \varepsilon)^n$ en changeant x en $-x$:

$$\text{d'où : } \left[1 + \left(\frac{-2a\,x + x^2}{R^2 + a^2}\right)\right]^{-3/2} = 1 - \frac{3}{2}\left(\frac{-2a\,x + x^2}{R^2 + a^2}\right) + \frac{15}{8}\frac{(4a^2x^2 - 4a\,x^3 + x^4)}{(R^2 + a^2)^2}$$

$$- \frac{35}{16}\frac{(-8a^3x^3 + 12a^2x^4)}{(R^2 + a^2)^3} + \frac{315}{8}\frac{a^4x^4}{(R^2 + a^2)^4}. \qquad (9)$$

7) Expression de $B_{M_{(H)}}$ sous forme d'un développement limité

Quand on compare les développements limités (8) et (9), on constate que les coefficients des termes en x puissance paire sont égaux et que les coefficients des termes en x puissance impaire sont opposés.

Si on fait la somme de ces 2 développements limités, les termes en x puissance impaire vont s'annuler.

$$\text{D'où : } B_{M_{(H)}} = \frac{B_{O_{(H)}}}{2} \times 2\left[1 - \frac{3}{2}\frac{x^2}{(R^2 + a^2)} + \frac{15}{8}\frac{(4a^2x^2 + x^4)}{(R^2 + a^2)^2} - \frac{35}{4} \cdot \frac{3a^2x^4}{(R^2 + a^2)^3}\right.$$

$$\left. + \frac{315}{8}\frac{a^4x^4}{(R^2 + a^2)^4}\right].$$

$$\text{Soit : } \quad B_{M_{(H)}} = B_{O_{(H)}}\left[1 + x^2\left(-\frac{3}{2(R^2 + a^2)} + \frac{15}{8} \cdot \frac{4a^2}{(R^2 + a^2)^2}\right)\right.$$

$$\left. + x^4\left(\frac{15}{8(R^2 + a^2)^2} - \frac{35}{4} \cdot \frac{3a^2}{(R^2 + a^2)^3} + \frac{315}{8}\frac{a^4}{(R^2 + a^2)^4}\right)\right].$$

Finalement on obtient :

$$B_{M_{(H)}} = B_{O_{(H)}}\left[1 + \frac{3}{2}\frac{x^2}{(R^2 + a^2)}\left(-1 + \frac{5a^2}{R^2 + a^2}\right)\right.$$

$$\left. + \frac{5}{4}\frac{x^4}{(R^2 + a^2)^2}\left(\frac{3}{2} - \frac{21a^2}{R^2 + a^2} + \frac{63}{2}\frac{a^4}{(R^2 + a^2)^2}\right)\right] \qquad (10)$$

8) a) *Valeur de a pour avoir des bobines de Helmoltz*

Si on néglige le terme en x^4, $B_{M_{(H)}}$ est une constante si le terme en x^2 est nul.

D'après la relation (10) cela implique

$$- 1 + \frac{5a^2}{R^2 + a^2} = 0$$

d'où $\quad 5a^2 = R^2 + a^2$

soit : $\quad a = \dfrac{R}{2}.$

Les 2 bobines plates sont alors distantes de $2a = R$: c'est la condition pour avoir le dispositif dit des bobines de Helmoltz.

b) *Valeur de* $B_{M_{(H)}}$

$B_{M_{(H)}}$ étant constant, on a $B_{M_{(H)}} = B_{O_{(H)}}$.

D'après l'égalité (7), on a, avec $a = \dfrac{R}{2}$

$$B_{O_{(H)}} = \frac{\mu_0 N I R^2}{\left(R^2 + \dfrac{R^2}{4}\right)^{3/2}}$$

soit :
$$B_{O_{(H)}} = \frac{\mu_0 N I R^2}{\left(\dfrac{5}{4}R^2\right)^{3/2}} = \frac{\mu_0 N I R^2}{\left(\dfrac{5}{4}\right)^{3/2} R^3}$$

d'où
$$B_{M_{(H)}} = B_{O_{(H)}} = \left(\frac{4}{5}\right)^{3/2} \frac{\mu_0 N I}{R} = 0{,}7155 \frac{\mu_0 N I}{R}$$

Application numérique : $B_{M_{(H)}} = 0{,}7155 \times \dfrac{4\pi \cdot 10^{-7} \times 500 \times 2}{16 \cdot 10^{-2}}$

soit : $B_{M_{(H)}} = \textbf{5{,}62 mT}$.

9) Domaine où $B_{M_{(H)}}$ est constant à 1 % près

Si $a = \dfrac{R}{2}$ le coefficient du terme en x^4 vaut en utilisant la relation (10) :

$$\frac{5}{4} \frac{1}{\left(R^2 + \dfrac{R^2}{4}\right)^2} \left(\frac{3}{2} - \frac{21 \cdot \dfrac{R^2}{4}}{R^2 + \dfrac{R^2}{4}} + \frac{63}{2} \frac{\dfrac{R^4}{16}}{\left(R^2 + \dfrac{R^2}{4}\right)^2}\right)$$

soit :
$$\frac{\dfrac{5}{4}}{\left(\dfrac{5}{4}\right)^2 R^4} \left[\frac{3}{2} - \frac{\dfrac{21}{4} \cdot R^2}{\dfrac{5}{4}R^2} + \frac{63}{2} \frac{\dfrac{R^4}{16}}{\left(\dfrac{5}{4}R^2\right)^2}\right]$$

ou encore : $\dfrac{1}{\dfrac{5}{4}R^4} \left[\dfrac{3}{2} - \dfrac{21}{5} + \dfrac{63}{50}\right] = \dfrac{-144}{125 R^4}$.

On a donc, dans le cas où $a = \dfrac{R}{2}$:

$$B_{M_{(H)}} = B_{O_{(H)}} \left(1 - \frac{144}{125} \frac{x^4}{R^4}\right).$$

Il en résulte : $\Delta B = B_{O_{(H)}} - B_{M_{(H)}} = \dfrac{144}{125} \dfrac{x^4}{R^4} B_{O(H)}$

d'où $\dfrac{\Delta B}{B_{O_{(H)}}} = \dfrac{144}{125} \dfrac{x^4}{R^4}$.

Si on veut : $\dfrac{\Delta B}{B_{O_{(H)}}} \leq \dfrac{1}{100}$

il faut : $\dfrac{144}{125} \dfrac{x^4}{R^4} \leq \dfrac{1}{100}$

soit : $\dfrac{x^4}{R^4} \leq \dfrac{125}{14\,400}$

d'où $\dfrac{|x|}{R} \leq \left(\dfrac{125}{14\,400}\right)^{1/4}$

soit $\dfrac{|x|}{R} \leq 0{,}305.$

Comme $R = 16$ cm, le champ magnétique sur l'axe $x'x$ est constant de part et d'autre de O à mieux de 1 % près dans un intervalle de 9,8 cm centré en O.

14. EFFET HALL ET TESLAMÈTRE

1) Vitesse des électrons de conduction

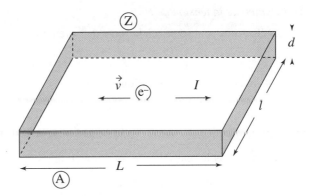

Considérons une longueur L de ce ruban. Le volume de ce ruban est $V = l \cdot d \cdot L$.

La masse vaut donc $m = \rho V = \rho \cdot l \cdot d \cdot L$.

Le nombre d'atomes de cuivre qu'il contient est, la masse d'un atome de cuivre étant

$$m_{Cu} = \frac{M_{Cu}}{\mathcal{N}}, \qquad\qquad n_{Cu} = \frac{m}{m_{Cu}} = \frac{\rho l d L \mathcal{N}}{M_{Cu}}.$$

Comme il y a 1 électron libre par atome de cuivre le nombre d'électrons libres dans une longueur L de ce ruban vaut

$$n = n_{Cu} = \frac{\rho l d L \mathcal{N}}{M_{Cu}} \qquad (1)$$

Or par définition de l'intensité on a :

$$I = \frac{Q}{t} = \frac{ne}{t},$$

la charge Q correspondant au passage de n électrons de conduction (électrons libres) dans le sens opposé au sens conventionnel.

D'où : $\qquad\qquad\qquad\qquad n = \frac{It}{e} \qquad (2)$

En comparant les égalités (1) et (2) on obtient :

$$\frac{\rho l d L \mathcal{N}}{M_{Cu}} = \frac{It}{e}$$

d'où $\quad \dfrac{L}{t} = \dfrac{I \cdot M_{Cu}}{\rho l d \mathcal{N} e}.$

Les électrons étant animés d'un mouvement rectiligne uniforme on a $v = \dfrac{L}{t}$.

D'où : $\quad \boldsymbol{v = \dfrac{I \cdot M_{Cu}}{\rho l d \mathcal{N} e}}$

Application numérique : Pensez à exprimer toutes les données en unités S.I.

$I = 8{,}0$ A $\qquad M_{Cu} = 63{,}5 \cdot 10^{-3}$ kg $\quad \rho = 8\,920$ kg $\cdot$ m^{-3}

$l = 2{,}0 \cdot 10^{-2}$ m $\quad d = 1{,}0 \cdot 10^{-4}$ m $\qquad \mathcal{N} = 6{,}02 \cdot 10^{23}$ mol^{-1}

$e = 1{,}60 \cdot 10^{-19}$ C

soit : $\boldsymbol{v = 2{,}96 \cdot 10^{-4}}$ **m/s** $\approx$ **0,3 mm/s.**

2) Tension de Hall

a) *Création de la tension de Hall*

Les électrons sont soumis à la force de Lorentz :

$$\overrightarrow{f}_m = q\overrightarrow{v} \wedge \overrightarrow{B} = -e\overrightarrow{v} \wedge \overrightarrow{B}.$$

($q = -e$: charge électrique d'un électron).

La force de Lorentz (ou force magnétique) $\overrightarrow{f}_m$ est perpendiculaire à la vitesse $\overrightarrow{v}$ et au champ magnétique $\overrightarrow{B}$: cette force est donc le plan du ruban.

La direction et le sens de cette force sont donnés par le fait que les vecteurs $-e\overrightarrow{v}$, $\overrightarrow{B}$ et $\overrightarrow{f}_m$ forment un trièdre direct.

Pour trouver la direction et le sens de $\overrightarrow{f}_m$ on peut utiliser la règle des 3 doigts de la main droite :

$-e\overrightarrow{v} \rightarrow$ pouce

$\overrightarrow{B} \rightarrow$ index

$\overrightarrow{f}_m \rightarrow$ majeur.

D'où le schéma (vue de dessus) :

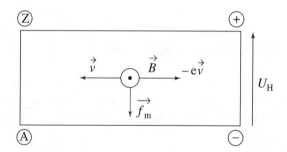

Les électrons sont déviés par cette force magnétique $\overrightarrow{f}_m$ vers la face (A) : la face (A) est alors chargée négative, donc la face (Z) devient chargée positive (défaut d'électrons).

Il apparaît alors entre les 2 plans (A) et (Z) une tension de Hall U_H dirigée de (A) vers (Z) (*cf.* schéma ci-avant).

b) *Relation entre la tension de Hall U_H et le module B du champ magnétique*

Il apparaît dans le ruban, du fait de la tension de Hall, un champ électrique $\overrightarrow{E}$ dirigé dans le sens des potentiels décroissants, donc orienté de (Z) vers (A).

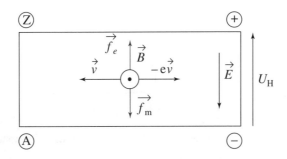

Les électrons sont donc soumis à la force électrique $\vec{f}_e = -e\vec{E}$.

$\vec{f}_e$ est opposé à $\vec{E}$ et donc aussi à $\vec{f}_m$ (*cf.* figure ci-avant).

On atteint un équilibre lorsque cette force électrique compense la force de Lorentz.

Les électrons ont alors un mouvement rectiligne uniforme dans le repère terrestre assimilable à un repère galiléen, d'où :

$$\sum \overrightarrow{\text{forces}} \text{ appliquées aux électrons} = \vec{0}$$

soit $\vec{f}_m + \vec{f}_e = \vec{0}$.

(Le poids des électrons est négligeable par rapport aux forces magnétique et électrique).

D'où $-e\vec{v} \wedge \vec{B} - e\vec{E} = \vec{0}$ (3)

soit en module $e \cdot v \cdot B = eE$ (car $\vec{B} \perp \vec{v}$).

Comme $E = \dfrac{U_H}{l}$ (champ électrique uniforme).

On a $v \cdot B = \dfrac{U_H}{l}$

d'où : $U_H = v \cdot l \cdot B.$

Comme $v = 2,96 \cdot 10^{-4}$ m/s et $l = 2,0 \cdot 10^{-2}$ m

on a : $U_H = 5,9 \cdot 10^{-6}B$ (4) (avec B en T et U_H en V).

c) *Caractéristiques du champ magnétique* $\vec{B}$

Soit α l'angle entre $\vec{B}$ et $\vec{v}$, c'est-à-dire entre $\vec{B}$ et la surface du ruban.
La relation (3) s'écrit alors :

$$v \cdot B \cdot \sin\alpha = E = \dfrac{U_H}{l}$$

d'où $U_H = v \cdot B \cdot l \cdot \sin\alpha.$

(En prenant comme convention $U_H > 0$ quand $\vec{B}$ « sort » du ruban, soit $\vec{B}$: $\odot$

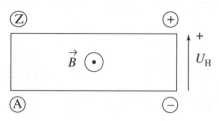

Si $\vec{B}$ est de sens opposé : $\vec{B}$ « entre » dans le ruban : $\otimes$, on a $U_H < 0$).

Le sens de $\vec{B}$ est donc donné par le signe de U_H :

$$U_H > 0 \Rightarrow \vec{B} : \qquad \odot \qquad\qquad U_H < 0 \Rightarrow \vec{B} : \otimes$$

La valeur maximale de $|U_H|$ est $vBl = U_{max}$ obtenue pour : $\alpha = +\dfrac{\pi}{2}$ rad.

D'où la direction de $\vec{B}$, donnée par l'angle α entre $\vec{B}$ et la surface du ruban, soit :

$$\sin\alpha = \frac{U_H}{|U_{max}|}.$$

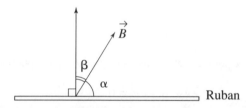

Remarque

Si on définit la direction de $\vec{B}$ par rapport à une perpendiculaire au ruban, $\vec{B}$ fait un angle β par rapport à cette perpendiculaire.

On a la relation $\beta = \dfrac{\pi}{2} - \alpha$ d'où $\cos\beta = \sin\alpha = \dfrac{U_H}{|U_{max}|}$.

3) Module d'un champ $\vec{B}$ mesuré

U_H ayant sa valeur maximale, cela implique que $\vec{B}$ est perpendiculaire au ruban. De plus U_H étant positif, $\vec{B}$ « sort » du ruban :

D'après la relation (4) : $U_H = 5,9 \cdot 10^{-6} B$

d'où : $B = \dfrac{U_H}{5,9 \cdot 10^{-6}} = \dfrac{10^6 \cdot U_H}{5,9}$.

Comme $U_H = \dfrac{U}{1\,000}$, il en résulte $B = \dfrac{10^6 \cdot U}{5,9 \cdot 10^3} = \dfrac{10^3 U}{5,9}$

soit $\qquad\qquad\qquad\qquad B = 1,7 \cdot 10^2 U.$

Application numérique : $U = 2,5\,\text{mV} = 2,5 \cdot 10^{-3}$ V

$$\boldsymbol{B = 0{,}425\ \text{T.}}$$

15. OSCILLATEUR ÉLECTROSTATIQUE

1) Position d'équilibre O de la boule M

Après contact entre les 2 petites boules ponctuelles A et M les charges électriques de ces 2 boules sont :

$$q_A = \frac{q}{2} \quad \text{et} \quad q_M = \frac{q}{2}$$

la répartition de la charge électrique initiale de A : q se faisant à parts égales entre les 2 boules A et M.

D'où le système étudié :

La petite boule M est soumise aux 2 forces électrostatiques $\vec{F}_{A \to M}$ et $\vec{F}_{B \to M}$: forces répulsives car les boules A et M d'une part et les boules B et M d'autre part sont de même signe.

(Le poids de la boule M et les frottements sont négligeables).

En notant $\vec{i}$ le vecteur unitaire orientant l'axe AB de A vers B. (*cf.* schéma) on a :

$$\vec{F}_{A \to M} = \frac{k\, q_A q_M}{AM^2} \vec{i}. \quad (1)$$

$$\vec{F}_{B \to M} = \frac{-k\, q_B q_M}{MB^2} \vec{i}. \quad (2)$$

En appelant y la distance AM et sachant que $q_A = \frac{q}{2}$, $q_B = \frac{q}{3}$ et $q_M = \frac{q}{2}$, on a :

$$\vec{F}_{A \to M} = \frac{k\, q^2}{4y^2} \vec{i}. \quad (3)$$

$$\vec{F}_{B \to M} = \frac{-k\, q^2}{6(d-y)^2} \vec{i}. \quad (4)$$

Si M est en sa position d'équilibre O, situé entre A et B on a, le repère terrestre étant assimilable à un repère galiléen :

$$\vec{F}_{A \to M} + \vec{F}_{B \to M} = \vec{0}$$

soit : $\dfrac{k\, q^2}{4y^2} \vec{i} - \dfrac{-k\, q^2}{6(d-y)^2} \vec{i} = \vec{0}$

cela implique : $4y^2 = 6(d-y)^2$ (5)

d'où : $y = \pm\sqrt{\dfrac{3}{2}}\,(d-y)$

2 solutions possibles :

$$y_1 = \sqrt{\frac{3}{2}}\, d - \sqrt{\frac{3}{2}}\, y_1$$

soit $\quad y_1 = \dfrac{\sqrt{\dfrac{3}{2}}\, d}{\sqrt{\dfrac{3}{2}} + 1} = 0,55\, d \quad$ (6)

et $\quad y_2 = -\sqrt{\frac{3}{2}}\, d + \sqrt{\frac{3}{2}}\, y_2$

soit $\quad y_2 = \dfrac{\sqrt{\dfrac{3}{2}}\, d}{\sqrt{\dfrac{3}{2}} - 1} = 5,45\, d.$

Comme le point O est compris entre A et B on a :

$$O \leqslant y \leqslant d$$

d'où la position de O, position d'équilibre de M entre A et B :

$$\overline{\text{AO}} = y_1 = 0,55\, d.$$

Application numérique : $\quad \overline{\text{AO}} = 33,0 \text{ cm.}$

2) **Oscillateur électrique**

a) *Force de rappel appliquée à la boule M*

Les forces appliquées à la boule M, sachant que $\overrightarrow{OM} = x\,\vec{i}\,$ sont, en utilisant à nouveau les relations (3) et (4), avec $y = y_1 + x$:

$$\overrightarrow{F}_{A \to M} = \frac{k\,q^2}{4(y_1 + x)^2}\,\vec{i}$$

et $\quad \overrightarrow{F}_{B \to M} = \dfrac{-k\,q^2}{6(d - y_1 - x)^2}\,\vec{i}$

d'où la force totale $\overrightarrow{F}$ appliquée à la boule M, le poids et les forces de frottement étant négligeables :

$$\overrightarrow{F} = \overrightarrow{F}_{A \to M} + \overrightarrow{F}_{B \to M}$$

soit : $\quad \overrightarrow{F} = kq^2\left[\dfrac{1}{4(y_1 + x)^2} - \dfrac{1}{6(d - y_1 - x)^2}\right]\vec{i}. \quad$ (7)

Comme $x \ll y_1$ et $x \ll d - y_1$, on a :

$$\frac{1}{(y_1 + x)^2} = \frac{1}{y_1^2\left(1 + \dfrac{x}{y_1}\right)^2} = \frac{1}{y_1^2}\left(1 + \frac{x}{y_1}\right)^{-2}$$

soit : $\quad \dfrac{1}{(y_1 + x)^2} \approx \dfrac{1}{y_1^2}\left(1 - \dfrac{2x}{y_1}\right) \quad$ (8)

de même

$$\frac{1}{(d-y_1-x)^2} = \frac{1}{(d-y_1)^2\left(1-\dfrac{x}{d-y_1}\right)^2} = \frac{1}{(d-y_1)^2}\left(1-\frac{x}{d-y_1}\right)^{-2}$$

soit : $\dfrac{1}{(d-y_1-x)^2} \approx \dfrac{1}{(d-y_1)^2}\left(1+\dfrac{2x}{d-y_1}\right)$ (9)

l'égalité (7) devient, en utilisant les relations (8) et (9)

$$\vec{F} = kq^2\left[\frac{1}{4y_1^2}\left(1-\frac{2x}{y_1}\right) - \frac{1}{6(d-y_1)^2}\left(1+\frac{2x}{d-y_1}\right)\right]\vec{i}.$$

Sachant que $4y_1^2 = 6(d-y_1)^2$ (relation (5))
on obtient :

$$\vec{F} = \frac{kq^2}{6(d-y_1)^2}\left[\left(1-\frac{2x}{y_1}\right) - \left(1+\frac{2x}{d-y_1}\right)\right]\vec{i}$$

soit : $\vec{F} = \dfrac{-k\,d\,q^2x}{3(d-y_1)^3y_1}\,\vec{i}.$

Sachant que : $d-y_1 = \sqrt{\dfrac{2}{3}}\,y_1$ (d'après (5))

et que $y_1 = \dfrac{\sqrt{\dfrac{3}{2}}\,d}{\sqrt{\dfrac{3}{2}}+1}$

on a : $3(d-y_1)^3 y_1 = 3\left(\sqrt{\dfrac{2}{3}}\right)^3 y_1^4 = \dfrac{3\sqrt{\dfrac{3}{2}}\,d^4}{\left(\sqrt{\dfrac{3}{2}}+1\right)^4} = 0{,}15d^4.$

D'où : $\vec{F} = \dfrac{-kq^2x}{0{,}15\,d^3}\,\vec{i}.$ (10)

On a donc : $\vec{F} = -Kx\,\vec{i}$

avec $K = \dfrac{kq^2}{0{,}15\,d^3} = \text{constante} = 1{,}0 \cdot 10^{-3}$ U.S.I.

La petite boule M est donc soumise à une force de rappel : force proportionnelle à l'élongation et de signe opposé.

b) *Équation différentielle caractéristique vérifiée par l'élongation x*

Le repère terrestre étant assimilable à un repère galiléen, on peut appliquer la relation fondamentale de la dynamique à la petite boule M :

$$\sum \overrightarrow{\text{forces}}\text{ appliquées} = m\,\vec{a} \quad (11)$$

Avec $\vec{a}$: accélération de la petite boule M considérée comme ponctuelle $= \dfrac{d^2x}{dt^2}\vec{i}$

et $\sum \overrightarrow{\text{forces}}\text{ appliquées} = \vec{F} = \dfrac{-kq^2x}{0{,}15d^3}\,\vec{i}$

l'égalité (11) devient :

$$\frac{-kq^2x}{0,15d^3}\vec{i} = m\frac{d^2x}{dt^2}\vec{i}$$

soit : $\dfrac{d^2x}{dt^2} + \dfrac{kq^2x}{0,15m\,d^3} = 0$ (12)

On a une équation différentielle du 2e ordre sans second membre caractéristique d'un mouvement rectiligne sinusoïdal (mouvement harmonique).

c) *Pulsation o , fréquence N et période T de ce mouvement sinusoïdal*

L'équation différentielle (12) s'écrit aussi :

$$\frac{d^2x}{dt^2} + \omega^2x = 0$$

avec ω : pulsation $= \sqrt{\dfrac{kq^2}{0,15md^3}}$

soit $\omega = \dfrac{q}{d}\sqrt{\dfrac{k}{0,15md}}$

D'où la fréquence N :

$$N = \frac{\omega}{2p} = \frac{q}{2p\,d}\sqrt{\frac{k}{0,15md}}$$

et la période T :

$$T = \frac{1}{N} = \frac{2p\,d}{q}\sqrt{\frac{0,15md}{k}}$$

Application numérique : o = 22,4 rad/s

N = 3,56 Hz

T = 0,281 s.

d) *Équation horaire de ce mouvement harmonique*

On a $x = x_{max}\sin(\omega t + \varphi)$

avec x_{max} : amplitude du mouvement > 0 et $v = \dfrac{dx}{dt} = x_{max}\omega\cos(\omega t + \varphi)$

à $t = 0$ $v = 0 = x_{max}\omega\cos\varphi$

d'où $\cos\varphi = 0$ soit $\varphi = -\dfrac{\pi}{2}$ rad ou $+\dfrac{\pi}{2}$ rad

à $t = 0$ $x = b = x_{max}\sin\varphi$

x_{max} étant positif et $b = 1,0$ cm > 0 on a $\sin\varphi > 0$

cela implique de choisir la valeur $\varphi = \dfrac{\pi}{2}$ rad.

Comme $\sin\dfrac{\pi}{2} = 1$ on obtient

$b = x_{max}$ soit $x_{max} = 0,01$ m.

D'où

$$x = 0,01\sin\left(22,4t + \frac{\pi}{2}\right)$$

soit : $x = 0,01\cos 22,4\,t$ (avec t en s et x en m).

16. SISMOGRAPHE

1) Équation différentielle caractéristique

On se place dans le repère terrestre considéré comme galiléen.

À l'équilibre :   En mouvement :

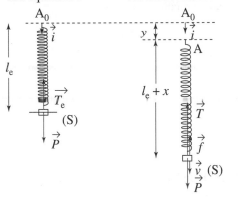

A_0 position à l'équilibre de A : point d'attache du ressort : A_0 est immobile par rapport au référentiel terrestre supposé galiléen.

À l'équilibre le solide (S) est soumis :

– à son poids $\vec{P} = m\vec{g}$

– à la tension du ressort $\vec{T_e} = -k(l_e - l_0)\vec{i}$

d'où la relation $\vec{T_e} + \vec{P} = \vec{0}$

soit $mg - k(l_e - l_0) = 0$ (1)

En mouvement le solide (S) est soumis :

– à son poids $\vec{P} = m\vec{g}$

– à la tension du ressort $\vec{T} = -k(l - l_0)\vec{i}$

Soit $\vec{T} = -k(l_e + x - l_0)\vec{i}$

– à la force de frottement fluide $\vec{f} = -h\vec{v}$.

La nouvelle côte du solide (S) par rapport à la position d'équilibre A_0 du point d'attache du ressort étant $l_e + x + y$, on a, en appliquant la relation fondamentale de la dynamique au solide (S) dans le repère terrestre :

$$\sum \overrightarrow{\text{forces}} \text{ appliquées} = m\vec{a}$$

soit $\vec{P} + \vec{T} + \vec{f} = m\vec{a}$

ou encore :

$$m\vec{g} - k(l_e + x - l_0)\vec{i} - h\vec{v} = m\vec{a}   (2)$$

avec $\vec{v} = \dfrac{\mathrm{d}\vec{x}}{\mathrm{d}t} = \dfrac{\mathrm{d}x}{\mathrm{d}t}\vec{i}$ (vitesse du solide (S) par rapport au bati)

et $\vec{a} = \dfrac{\mathrm{d}^2(y + l_e + x)}{\mathrm{d}t^2}\vec{i}$ (accélération du solide (S) par rapport à A_0, A_0 appartenant au repère terrestre considéré comme galiléen).

L'égalité (2) devient, en projetant suivant $\vec{i}$ soit suivant un axe vertical orienté vers le bas :

$$mg - k(l_e + x - l_0) - h\dfrac{\mathrm{d}x}{\mathrm{d}t} = m\dfrac{\mathrm{d}^2y}{\mathrm{d}t^2} + m\dfrac{\mathrm{d}^2x}{\mathrm{d}t^2}.$$

Cette égalité devient en utilisant la relation (1)

$$- kx - h\dfrac{\mathrm{d}x}{\mathrm{d}t} - m\dfrac{\mathrm{d}^2x}{\mathrm{d}t^2} = m\dfrac{\mathrm{d}^2y}{\mathrm{d}t^2} \quad (3).$$

Comme $y = Y\sin\Omega t$.

On a $\dfrac{\mathrm{d}^2y}{\mathrm{d}t^2} = -Y\Omega^2\sin\Omega t = -\Omega^2 y$

l'égalité (3) devient :

$$m\dfrac{\mathrm{d}^2x}{\mathrm{d}t^2} + h\dfrac{\mathrm{d}x}{\mathrm{d}t} + kx = m\Omega^2 y$$

d'où : $\mathbf{\dfrac{d^2x}{dt^2} + \dfrac{h}{m}\dfrac{dx}{dt} + \dfrac{k}{m}x = \Omega^2 Y\sin\Omega t}$ (4)

2) **Équation horaire $x = f(t)$ en régime permanent forcé**

En régime permanent forcé cette équation horaire est de la forme :
$$x = X\sin(\Omega t + \varphi)$$
Utilisons la notation complexe pour résoudre l'équation différentielle (4) et déterminer l'amplitude de X.

On a $\underline{x} = Xe^{\mathrm{j}(\Omega t + \varphi)}$

soit $\underline{x} = \underline{X}e^{\mathrm{j}\Omega t}$ avec $\underline{X} = Xe^{\mathrm{j}\varphi}$

de même $y = Y\sin\Omega t$ sera représenté en notation complexe par $\underline{y} = Ye^{\mathrm{j}\Omega t}$.

On a donc :

$$-\Omega^2\underline{X}e^{\mathrm{j}\Omega t} + \mathrm{j}\Omega\dfrac{h}{m}\underline{X}e^{\mathrm{j}\Omega t} + \dfrac{k}{m}\underline{X}e^{\mathrm{j}\Omega t} = \Omega^2 Ye^{\mathrm{j}\Omega t}$$

soit : $\underline{X}\left[\dfrac{k}{m} - \Omega^2 + \mathrm{j}\Omega\dfrac{h}{m}\right] = \Omega^2 Y$

D'où $\underline{X} = \dfrac{\Omega^2 Y}{\dfrac{k}{m} - \Omega^2 + \mathrm{j}\Omega\dfrac{h}{m}}.$

Comme $X = \sqrt{X^2}$ et $X^2 = \underline{X}\cdot\overline{\underline{X}}$, on a $X = \dfrac{\Omega^2 Y}{\sqrt{\left(\dfrac{k}{m} - \Omega^2\right)^2 + \dfrac{\Omega^2 k^2}{m^2}}}$

soit encore $X = \dfrac{Y}{\sqrt{\left(1 - \dfrac{k}{m\Omega^2}\right)^2 + \dfrac{h^2}{m^2\Omega^2}}}.$ (6)

On peut écrire aussi :

$$\underline{X} = X\mathrm{e}^{\mathrm{j}\varphi} = \frac{\Omega^2 Y\left(\dfrac{k}{m} - \Omega^2 - \mathrm{j}\Omega\dfrac{h}{m}\right)}{\left(\dfrac{k}{m} - \Omega^2\right)^2 + \Omega^2\dfrac{h^2}{m^2}}$$

(on a multiplié le numérateur et le dénominateur de la relation (5) par $\dfrac{k}{m} - \Omega^2 - \mathrm{j}\Omega\dfrac{h}{m}$).

Comme $\quad \tan\varphi = \dfrac{\text{partie imaginaire}}{\text{partie réelle}}$

on a $\qquad \tan\varphi = \dfrac{\Omega\dfrac{h}{m}}{\Omega^2 - \dfrac{k}{m}} \qquad (7)$

d'où l'équation horaire demandée :

$$X = \frac{Y}{\sqrt{\left(1 - \dfrac{k}{m\Omega^2}\right)^2 + \dfrac{h^2}{m^2\Omega^2}}}\sin\left[\Omega t + \arctan\left(\frac{\Omega\dfrac{h}{m}}{\Omega^2 - \dfrac{k}{m}}\right)\right].$$

3) **Pulsation propre du sismographe**

L'équation différentielle (4) peut aussi s'écrire $\dfrac{\mathrm{d}^2 x}{\mathrm{d}t^2} + \dfrac{h}{m}\dfrac{\mathrm{d}x}{\mathrm{d}t} + \omega_0^2 x = \Omega^2 Y\sin\omega t$

avec ω_0 : pulsation propre du sismographe

$$\omega_0 = \sqrt{\frac{k}{m}} \qquad (8)$$

4) **Comparaison des amplitudes X et Y**
Des égalités (6) et (8) on a :

$$X = \frac{Y}{\sqrt{\left(1 - \dfrac{\omega_0^2}{\Omega^2}\right)^2 + \dfrac{h^2}{m^2\Omega^2}}}.$$

Soit comme $\omega_0 \ll \Omega^2$ et $\dfrac{h}{m} \ll \Omega$ l'égalité précédente donne :
$$X \approx Y$$
Les 2 amplitudes sont pratiquement égales.
L'appareil utilisé permet de mesurer l'amplitude de la secousse sismique : c'est un sismographe.

5) **Condition sur la fréquence N de la secousse pour que l'appareil utilisé serve de sismographe**

On veut $\left|\dfrac{X - Y}{Y}\right| < 1\ \%$ soit $\left|\dfrac{1}{\sqrt{\left(1 - \dfrac{\omega_0^2}{\Omega^2}\right)^2 + \dfrac{h^2}{m^2\Omega^2}}} - 1\right| < 1\ \%$

soit $\left|\left[\left(1 - \dfrac{\omega_0^2}{\Omega^2}\right)^2 + \dfrac{h^2}{m^2\Omega^2}\right]^{-1/2} - 1\right| < 1\ \%.$

En développant on obtient : $\left|\left[1 - 2\dfrac{\omega_0^2}{\Omega^2} + \dfrac{\omega_0^4}{\Omega^4} + \dfrac{h^2}{m^2\Omega^2}\right]^{-1/2} - 1\right| < 1\ \%$.

Faisons les hypothèses que $\omega_0^2 \ll \Omega^2$ et $\dfrac{h^2}{m^2} \ll \Omega^2$ (à vérifier en fin de calculs)

on a donc $\dfrac{\omega_0^4}{\Omega^4} << \dfrac{\omega_0^2}{\Omega^2}$

L'égalité (8) devient en faisant un développement limité au 1er ordre, sachant que $(1 + \varepsilon)^n = 1 + n\varepsilon$:

$$\left|1 - \frac{1}{2}\left(-\frac{2\omega_0^2}{\Omega^2} + \frac{h^2}{m^2\Omega^2}\right) - 1\right| < \frac{1}{100}$$

soit : $\left|\dfrac{\omega_0^2}{\Omega^2} - \dfrac{h^2}{2m^2\Omega^2}\right| < \dfrac{1}{100}$

d'où : $\left|\dfrac{2m^2\omega_0^2 - h^2}{2m^2\Omega^2}\right| < \dfrac{1}{100}$

soit : $2m^2\Omega^2 > 100\left|2m^2\omega_0^2 - h^2\right|$

d'où : $\Omega > 10\sqrt{\left|\omega_0^2 - \dfrac{h^2}{2m^2}\right|}$

ou encore comme $\omega_0^2 = \dfrac{k}{m}$, $\Omega > 10\sqrt{\left|\dfrac{k}{m} - \dfrac{h^2}{2m^2}\right|}$.

Comme $\Omega = 2\pi N$ on obtient finalement :

$$\boldsymbol{N > \frac{5}{\pi}\sqrt{\left|\frac{k}{m} - \frac{h^2}{2m^2}\right|}}$$

Application numérique : $N > \dfrac{5}{\pi}\sqrt{\left|\dfrac{8{,}0 \cdot 10^{-3}}{10} - \dfrac{0{,}50^2}{2 \times 10^2}\right|}$

Soit : $\boldsymbol{N > 3{,}4 \cdot 10^{-2}\ \textbf{Hz}}$.

Vérification des hypothèses faites :

• 1re **hypothèse :** $\omega_0^2 \ll \Omega^2$

On a : $\omega_0^2 = \dfrac{k}{m} = \dfrac{8{,}0 \cdot 10^{-3}}{10} = 8 \cdot 10^{-4}\ \text{rad}^2 \cdot \text{s}^{-2}$

et $\Omega^2 = 4\pi^2 N^2 = 4{,}5 \cdot 10^{-2}\ \text{rad}^2 \cdot \text{s}^{-2}$

d'où : $\dfrac{\omega_0^2}{\Omega^2} \approx 1{,}8 \cdot 10^{-2}$: hypothèse vérifiée

• 2e **hypothèse :** $\dfrac{h^2}{m^2} \ll \Omega^2$

on a $\dfrac{h^2}{m^2} = \dfrac{0{,}5^2}{10^2} = 2{,}5 \cdot 10^{-3}\ \text{s}^{-2}$

D'où $\dfrac{\dfrac{h^2}{m^2}}{\Omega^2} = 5{,}5 \cdot 10^{-2}$: hypothèse vérifiée.

17. Oscillations d'un liquide dans un tube en U

1) Variation du niveau de la surface libre de l'eau dans la branche B_1

L'eau étant incompressible et les 2 branches au tube en U étant verticales, la surface libre de l'eau dans le tube B_1 monte d'une distance identique à celle dont a baissé la surface libre de l'eau dans le tube B_2.

Donc si le niveau de la surface libre de l'eau baisse de $h_0 = 5{,}0$ cm dans le tube B_2, le niveau de la surface libre de l'eau monte de $h_0 = 5{,}0$ cm dans le tube B_1.

2) Oscillation de l'eau

a) Déclenchement des oscillations

Position de l'eau à $t = 0$:

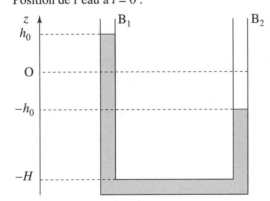

Du fait de la suppression dans le tube B_2, la masse d'eau se trouve en déséquilibre : dans la branche B_1 il y a une hauteur d'eau : $2h_0$ au-dessus du niveau de la surface libre de l'eau dans le tube B_2.

La masse d'eau va alors se mettre en mouvement : le niveau de la surface libre de l'eau baissant dans le tube B_1 et montant dans le tube B_2.

b) *Énergie mécanique de l'eau contenue dans le tube*

À $t > 0$, le niveau de la surface libre de l'eau dans la branche B_1 a pour côte z.

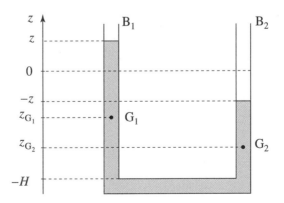

La côte du niveau de la surface libre de l'eau dans la branche B_2 vaut donc $-z$ ($z = 0$ est la côte commune des niveaux des surfaces libres de l'eau lorsqu'elle est au repos).

La côte du centre d'inertie G_1 de l'eau contenue dans la branche B_1 est :

$$z_{G_1} = \frac{z - H}{2}.$$

De même la côte du centre d'inertie G_2 de l'eau contenue dans la branche B_2 est :

$$z_{G_2} = \frac{-z - H}{2} = \frac{-(z + H)}{2}.$$

La masse d'eau m_1 contenue dans la branche B_1 vaut :

$$m_1 = \rho s(H + z).$$

La masse d'eau m_2 contenue dans la branche B_2 vaut :

$$m_2 = \rho s(H - z).$$

La vitesse v de déplacement de l'eau est la même en tout point car l'eau est incompressible et le tube en U a une section constante s.

• Il en résulte que l'énergie potentielle de la masse d'eau contenue dans le tube est, en prenant comme niveau de référence $z = 0$:

$$E_P = m_1 g z_{G_1} + m_2 g z_2 + E_p'$$

E_P' étant l'énergie potentielle de la masse d'eau contenue dans la partie inférieure horizontale du tube en U : E_p' est constante car la masse d'eau dans cette partie du tube reste constante (et au même niveau).

• L'énergie cinétique de la masse d'eau contenue dans le tube vaut :

$$E_k = \frac{1}{2} m v^2 = \frac{1}{2} m \left(\frac{dz}{dt} \right)^2 \quad (\text{car } v = \frac{dz}{dt}).$$

L'énergie mécanique de la masse d'eau contenue dans le tube en U vaut :

$$E_M = E_P + E_K$$

soit : $E_M = m_1 g z_{G_1} + m_2 g z_{G_2} + E_p' + \frac{1}{2} m v^2$

d'où : $E_M = \rho s g(z + H)\left(\frac{z - H}{2}\right) - \rho s g(H - z)\left(\frac{z + H}{2}\right) + E_p' + \frac{1}{2} m \left(\frac{dz}{dt}\right)^2$

soit finalement :

$$\boldsymbol{E_M = \rho s g(z^2 - H^2) + E_p' + \frac{1}{2} m \left(\frac{dz}{dt}\right)^2.}$$

c) *Oscillations de cette masse d'eau*

Les frottements étant négligeables, l'énergie mécanique de cette masse d'eau reste constante.

Il en résulte : $\dfrac{dE_M}{dt} = 0$

D'où : $2\rho s g z \dfrac{dz}{dt} + 0 + m \dfrac{dz}{dt} \dfrac{d^2 z}{dt^2} = 0$

soit : $\dfrac{d^2 z}{dt^2} + \dfrac{2\rho s g z}{m} = 0.$

On a une équation différentielle du 2e ordre sans second membre de type :

$$\frac{d^2 z}{dt^2} + \omega^2 z = 0$$

elle est caractéristique d'oscillations sinusoïdales (ou harmoniques) de pulsation ω.

Dans le cas étudié :

$$\omega = \sqrt{\frac{2\rho sg}{m}}.$$

d) *Période T de ces oscillations*

$T = \dfrac{2\pi}{\omega},$ d'où :

$$T = 2\pi\sqrt{\frac{m}{2\rho sg}}$$

Application numérique : $T = 2\pi\sqrt{\dfrac{0{,}18}{2\times 10^3 \times 1{,}2\cdot 10^{-4}\times 9{,}8}}$

$T = 1{,}74$ s.

e) *Équation horaire* $z = f(t)$

On prend comme origine côte le niveau correspondant aux 2 surfaces libres de l'eau à l'équilibre (*cf.* schéma **b**)).

À $t = 0$ on a : $z = h_0$ et $v = \dfrac{\mathrm{d}z}{\mathrm{d}t} = 0$.

Comme on a des oscillations harmoniques, il en résulte :

$$z = z_{max}\cos(\omega t + \varphi)$$

et $\qquad \dfrac{\mathrm{d}z}{\mathrm{d}t} = -\omega z_{max}\sin(\omega t + \varphi)$

à $t = 0$ on a : $\begin{cases} z = h_0 = z_{max}\cos\varphi \\ 0 = -\omega z_{max}\sin\varphi \end{cases}$

cela implique $\sin\varphi = 0$ soit $\varphi = 0$ ou π rad.

Comme $\cos\varphi = \dfrac{h_0}{z_{max}} > 0,$ on en déduit $\varphi = 0$ et $z_{max} = h_0.$

D'où $\quad z = h_0\cos\omega t = h_0\cos\dfrac{2\pi}{T}t$

soit numériquement :

$$z = 0{,}05\cos 3{,}615\, t$$

(avec z en mètres et t en secondes).

3) Influence de la forme du fond du tube en U

Si on change la forme du fond du tube, tous les autres paramètres restant constants, les seules modifications qui interviennent sont les valeurs de E'_p et H dans l'expression de l'énergie mécanique de la masse d'eau.

Quand on cherche à montrer la nature des oscillations et à déterminer l'expression de la période T, ces modifications n'interviennent pas (la dérivée d'une constante est nulle quelque soit la valeur de la constante).

4) Amortissement des oscillations

En réalité, les frottements de l'eau sur les parois du tube en U ne sont pas totalement négligeables : ces frottements vont entraîner une diminution de l'énergie mécanique, donc l'amortissement des oscillations.

18. OSCILLATIONS D'UNE MOLÉCULE DIATOMIQUE

1) Équation différentielle vérifiée par y

On se place dans le repère terrestre considéré comme galiléen.

Le corps ponctuel (A_1) est soumis à son poids $\overrightarrow{P_1}$, à la réaction $\overrightarrow{N_1}$ du support à la force $\overrightarrow{F_{2 \to 1}}$ du ressort.

Le corps ponctuel (A_2) est soumis à son poids $\overrightarrow{P_2}$, à la réaction $\overrightarrow{N_2}$ du rapport et à la force $\overrightarrow{F_{1 \to 2}}$ du ressort :

équilibre : $x_2 - x_1 = l_0$

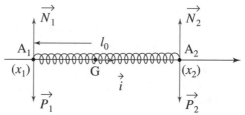

hors équilibre :

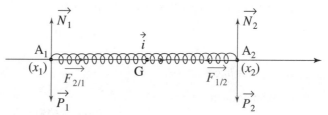

l'allongement du ressort est $(x_2 - x_1 - l_0)$.

Les forces $\overrightarrow{F_{2/1}}$ et $\overrightarrow{F_{1/2}}$ qui agissent sur A_1 et A_2 sont telles que :

$$\overrightarrow{F_{2/1}} + \overrightarrow{F_{1/2}} = \vec{0}$$

(principe de l'action et de la réaction).

Il en résulte

$$\overrightarrow{F_{2/1}} = -\overrightarrow{F_{1/2}} = k(x_2 - x_1 - l_0)\vec{i} = k(y - l_0)\vec{i} \quad (1)$$

Appliquons la relation fondamentale de la dynamique aux deux corps A_1 et A_2 dans le repère terrestre.

On a :

– pour le corps A_1 :

$$\overrightarrow{N_1} + \overrightarrow{P_1} + \overrightarrow{F_{2/1}} = m_1\vec{a_1} \quad (2)$$

– pour le corps A_2 :

$$\overrightarrow{N_2} + \overrightarrow{P_2} + \overrightarrow{F_{1/2}} = m_2 \overrightarrow{a_2}. \quad (3)$$

Comme $\overrightarrow{N_1} + \overrightarrow{P_1} = \vec{0}$ et $\overrightarrow{N_2} + \overrightarrow{P_2} = \vec{0}$, le support, la tige étant horizontale, les égalités (2) et (3) deviennent en utilisant en plus l'égalité (1) :

$$k(x_2 - x_1 - l_0)\vec{i} = m_1 \overrightarrow{a_1}$$

ou encore $k(y - l_0)\vec{i} = m_1 \overrightarrow{a_1}$ (4)

et $-k(x_2 - x_1 - l_0)\vec{i} = m_2 \overrightarrow{a_2}$

ou encore $-k(y - l_0)\vec{i} = m_2 \overrightarrow{a_2}. \quad (5)$

Comme $\overrightarrow{a_1} = \dfrac{d^2 x_1}{dt^2}\vec{i}$ et $\overrightarrow{a_2} = \dfrac{d^2 x_2}{dt^2}\vec{i}$.

Les égalités (4) et (5) deviennent :

$$k(y - l_0) = m_1 \frac{d^2 x_1}{dt^2}$$

et $-k(y - l_0) = m_2 \dfrac{d^2 x_2}{dt^2}$

d'où : $\dfrac{d^2 x_1}{dt^2} = \dfrac{k}{m_1}(y - l_0)$ et $\dfrac{d^2 x_2}{dt^2} = -\dfrac{k}{m_2}(y - l_0)$

comme $y = x_2 - x_1$

on a : $\dfrac{d^2 y}{dt^2} = \dfrac{d^2 x_2}{dt^2} - \dfrac{d^2 x_1}{dt^2}$

soit $\dfrac{d^2 y}{dt^2} = -\dfrac{k}{m_2}(y - l_0) - \dfrac{k}{m_1}(y - l_0)$

d'où $\dfrac{d^2 y}{dt^2} = -ky\left(\dfrac{1}{m_2} + \dfrac{1}{m_1}\right) + kl_0\left(\dfrac{1}{m_2} + \dfrac{1}{m_1}\right)$

ou encore $\dfrac{d^2 y}{dt^2} + ky\dfrac{m_1 + m_2}{m_1 m_2} = kl_0\left(\dfrac{m_1 + m_2}{m_1 m_2}\right) \quad (6)$

sachant que $\dfrac{d^2(y - l_0)}{dt^2} = \dfrac{d^2 y}{dt^2}$

l'égalité (6) devient

$$\frac{\mathbf{d}^2(\boldsymbol{y} - \boldsymbol{l_0})}{\mathbf{d}t^2} + \frac{\boldsymbol{k}(\boldsymbol{m_1} + \boldsymbol{m_2})}{\boldsymbol{m_1 m_2}}(\boldsymbol{y} - \boldsymbol{l_0}) = \mathbf{0}. \quad (7)$$

On retrouve une équation différentielle du 2e ordre caractéristique d'un mouvement oscillatoire sinusoïdal.

2) **Période T des oscillations**

L'équation différentielle (7) peut s'écrire sous la forme

$$\frac{d^2(y - l_0)}{dt^2} + \omega^2(y - l_0) = 0$$

avec ω : pulsation des oscillations valant :

$$\omega = \sqrt{\frac{k(m_1 + m_2)}{m_1 m_2}}.$$

Comme $T = \dfrac{2\pi}{\omega}$, on obtient :

$$T = 2\pi \sqrt{\frac{m_1 m_2}{k(m_1 + m_2)}}. \quad (8)$$

3) **Vibrations longitudinales de la molécule CO**

a) *Fréquence propre ν*

Par définition $\lambda = cT = \dfrac{c}{\nu}$

D'où : $\nu = \dfrac{c}{\lambda}$

Application numérique : $\nu = \dfrac{3,00 \cdot 10^8}{4,60 \cdot 10^{-6}}$ soit $\nu = \mathbf{6,52 \cdot 10^{13}}$ **Hz.**

b) *Constante de raideur k*

De la relation (8) on a, $m_1 = m_C$, $m_2 = m_O$ (m_C et m_O étant les masses respectives des atomes de carbone et d'oxygène) et sachant que $T = \dfrac{1}{\nu}$:

$$\frac{1}{\nu} = 2\pi \sqrt{\frac{m_C \cdot m_O}{k(m_C + m_O)}}$$

d'où : $k = \dfrac{4\pi^2 \nu^2 m_C \cdot m_O}{m_C + m_O}$

Comme $m_C = \dfrac{M_C}{\mathcal{N}}$ et $m_O = \dfrac{M_O}{\mathcal{N}}$

l'égalité (9) devient :

$$k = \frac{4\pi^2 \nu^2 M_C \cdot M_O}{\mathcal{N}(M_C + M_O)}$$

ou encore, pour exprimer k en fonction des données :

$$k = \frac{4\pi^2 c^2 M_C \cdot M_O}{\mathcal{N}\lambda^2(M_C + M_O)}$$

Application numérique :

$$M_C = 12 \cdot 10^{-3} \text{ kg} \quad M_O = 16 \cdot 10^{-3} \text{ kg} \quad \lambda = 4,60 \cdot 10^{-6} \text{ m}$$

$$k = \mathbf{1\,910 \text{ N/m.}}$$

19. OSCILLATIONS MÉCANIQUES AMORTIES

1) **a)** *Type d'oscillations*

On a des oscillations **libres** et **amorties**.

En effet le système n'est ni entretenu ni forcé. Il y a amortissement car l'amplitude des oscillations diminue au cours du temps.

> **Remarque**
>
> De l'étude de cet enregistrement on peut en déduire que l'on a un amortissement fluide car l'enveloppe de cet enregistrement a une forme d'exponentielle décroissante.

b) *Type d'oscillateur mécanique*

La pseudo période T de ces oscillations est indépendante de l'amplitude : on le vérifie directement sur l'enregistrement.

L'oscillateur est donc un pendule élastique.

> **Remarque**
>
> Si l'oscillateur était un pendule simple, la pseudo période dépendrait de l'amplitude (plus l'amplitude est grande, plus la pseudo période est grande).

2) **Caractéristiques de cet oscillateur et de ces oscillations**

a) *Équation différentielle caractéristique*

Cet oscillateur mécanique est soumis aux forces suivantes :

– son poids $\vec{P} = m\vec{g}$;

– la réaction $\vec{N}$ du support horizontal ;

– la tension du ressort $\vec{T} = -k\vec{x}$;

– la force de frottement fluide $\vec{f} = -h\vec{v}$:

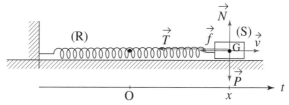

On se place dans le repère terrestre assimilable à un repère galiléen.

En appliquant la relation fondamentale de la dynamique, on a, en appelant $\vec{a}$ l'accélération du centre d'inertie G du solide (S) :

$$\sum \overrightarrow{\text{forces}} \text{ appliquées} = m\vec{a}$$

soit : $\vec{P} + \vec{N} + \vec{T} + \vec{f} = m\vec{a}$

$\vec{P} + \vec{N} = \vec{0}$ (la réaction du support est opposée au poids, le support étant horizontal)

d'où : $\vec{f} + \vec{T} = m\vec{a}$

soit en projetant suivant l'axe Ox :

$$- hv - kx = ma$$

d'où : $m\dfrac{d^2x}{dt^2} + h\dfrac{dx}{dt} + kx = 0$

soit encore : $\dfrac{d^2x}{dt^2} + \dfrac{h}{m}\dfrac{dx}{dt} + \dfrac{k}{m}x = 0.$

b) *Détermination de la pseudo pulsation ω et de coefficient λ*

- On a $x = X_0 e^{-\lambda t} \sin(\omega t + \varphi)$.

  On en déduit :

  $$\frac{dx}{dt} = -\lambda X_0 e^{-\lambda t} \sin(\omega t + \varphi) + X_0 e^{-\lambda t} \omega \cos(\omega t + \varphi)$$

  et $\quad \dfrac{d^2x}{dt^2} = \dfrac{d}{dt}\left(\dfrac{dx}{dt}\right) = \lambda^2 X_0 e^{-\lambda t} \sin(\omega t + \varphi) - \lambda\omega X_0 e^{-\lambda t} \cos(\omega t + \varphi)$

  $$-\lambda X_0 \omega e^{-\lambda t} \cos(\omega t + \varphi) - X_0 e^{-\lambda t} \omega^2 \sin(\omega t + \varphi).$$

  D'où en remplaçant x, $\dfrac{dx}{dt}$, $\dfrac{d^2x}{dt^2}$ dans (1) par leurs expressions précédentes, en remarquant que l'on peut simplifier par $X_0 e^{-\lambda t}$:

  $$(\lambda^2 - \omega^2) \sin(\omega t - \varphi) - 2\lambda\omega \cos(\omega t + \varphi) - \frac{h}{m}\lambda \sin(\omega t + \varphi)$$

  $$+ \frac{h}{m}\omega \cos(\omega t + \varphi) + \frac{k}{m} \sin(\omega t + \varphi) = 0.$$

  Soit :

  $$\omega\left[\frac{h}{m} - 2\lambda\right] \cos(\omega t + \varphi) + \left[\lambda^2 - \omega^2 - \frac{h}{m}\lambda + \frac{k}{m}\right] \sin(\omega t + \varphi) = 0.$$

  Cette équation est vérifiée quelque soit t si les coefficients de $\cos(\omega t + \varphi)$ et de $\sin(\omega t + \varphi)$ sont nuls.

  d'où : $\dfrac{h}{m} - 2\lambda = 0$

  soit : $\lambda = \dfrac{h}{2m}$

  et $\quad \lambda^2 - \omega^2 - \dfrac{h}{m}\lambda + \dfrac{k}{m} = 0$

soit en utilisant la relation (2)

$$\frac{h^2}{4m^2} - \omega^2 - \frac{h}{m} \cdot \frac{h}{2m} + \frac{k}{m} = 0$$

d'où : $\omega^2 = \frac{k}{m} - \frac{h^2}{4m^2}$

soit : $o = \sqrt{\frac{k}{m} - \frac{h^2}{4m^2}}.$ (3)

> **Remarque**
>
> En posant $\omega_0 = \sqrt{\frac{k}{m}}$: pulsation propre du système, l'égalité (3) peut aussi
>
> s'écrire : $\omega = \sqrt{\omega_0^2 - \lambda^2}$

- **Que représente X_0 ?**

  X_0 est l'amplitude des oscillations à $t = 0$ (*cf.* enregistrement).

c) *Valeurs numériques de X_0, φ, λ, ω, h et k*

  - **X_0 : amplitude à l'origine**

    On le mesure directement sur le graphe

    on a   **$X_0 = 6,0$ cm**

- **Coefficient λ**

  « L'enveloppe » pour sa partie positive a pour équation :

  $$X = X_0 \cdot e^{-\lambda t}.$$

On en déduit :

$$\frac{dX}{dt} = -\lambda X_0 e^{-\lambda t}$$

à $t = 0$ on a $\left.\dfrac{dX}{dt}\right)_{t=0} = -\lambda X_0$

$\left.\dfrac{dX}{dt}\right)_{t=0}$ est égale à la pente p de la tangente (T) à la courbe « enveloppe » à $t = 0$.

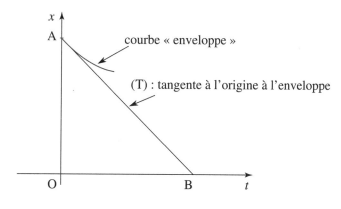

courbe « enveloppe »

(T) : tangente à l'origine à l'enveloppe

$$p = \frac{x_B - x_A}{t_B - t_a} = \frac{0 - X_0}{t_B - 0} = \frac{-X_0}{t_B}$$

d'où $\left. \dfrac{dX}{dt} \right)_{t=0} = -\lambda X_0 = \dfrac{-X_0}{t_B}$

soit : $\lambda = \dfrac{1}{t_B}$

graphiquement on lit $t_B = 3,1$ s

d'où **$\lambda = 0,32$ s^{-1}.**

• **ω : pseudo-pulsation**

Par définition $\omega = \dfrac{2\pi}{T}$

avec T période des pseudo oscillations.

Mesurons sur l'enregistrement 10 pseudo périodes.

On a $10T = 8,2$ s d'où $T = 0,82$ s.

d'où : **$\omega = 7,66$ rad $\cdot$ s^{-1}.**

• **φ : phase à l'origine**

À $t = 0$ on a $x = X_0 = X_0(e^{-0}\sin\varphi)$

soit $1 = \sin\varphi$

d'où **$\varphi = \dfrac{\pi}{2}$ rad.**

• **h : coefficient de frottement fluide**

$\lambda = \dfrac{h}{2m}$ (d'après (2))

d'où $h = 2m\lambda$

Application numérique : $h = 2 \times 0,1 \times 0,32$

soit **$h = 0,064$ kg $\cdot$ s^{-1}.**

• **k : coefficient de raideur du ressort**

De la relation (4) on a :

$$\omega^2 = \frac{k}{m} - \frac{h^2}{4m^2} = \frac{k}{m} - \lambda^2$$

d'où : $\qquad k = m(\omega^2 + \lambda^2)$

Application numérique : $k = 5,9$ N/m.

20. PENDULE SIMPLE NON HARMONIQUE

1) Condition de durée pour pouvoir considérer le référentiel terrestre comme galiléen

Le référentiel terrestre peut être assimilé à un référentiel galiléen si la durée de l'expérience est suffisamment petite par rapport à la période propre de la Terre.

Il faut donc que la durée de l'expérience soit inférieure à $\dfrac{1}{4}$ d'heure (ce qui correspond à environ 1/100 ième de la période propre de la Terre qui est pratiquement de 24 heures).

2) Équation différentielle du mouvement du point B

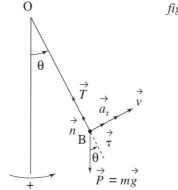

figure 1

Le point matériel B est soumis à 2 forces :

– son poids $\vec{P} = m\vec{g}$;

– la tension du fil $\vec{T}$.

Appliquons à ce point matériel B la relation fondamentale de la dynamique, le référentiel terrestre étant considéré comme galiléen :

$$\sum \overrightarrow{\text{forces}} \text{ appliqués} = m\vec{a} \quad (1)$$

$\vec{a}$ étant le vecteur accélération de B.

Les 2 forces appliquées à B étant son poids $\vec{P}$ et la tension du fil $\vec{T}$, l'égalité (1) devient :

$$\vec{P} + \vec{T} = m\vec{a}.$$

Projetons cette égalité vectorielle suivant l'axe (B , $\vec{\tau}$) (*cf.* figure 1)

On a : $-mg\sin\theta + 0 = ma_\tau = m\dfrac{\mathrm{d}v}{\mathrm{d}t}$ (2)

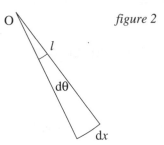

figure 2

Comme $v = \dfrac{\mathrm{d}x}{\mathrm{d}t}$ et $\mathrm{d}x = l\,\mathrm{d}\theta$ (*cf.* figure 2)

On a : $\dfrac{\mathrm{d}v}{\mathrm{d}t} = l\dfrac{\mathrm{d}^2\theta}{\mathrm{d}t^2}$

l'égalité (2) devient :

$$-mg\sin\theta = ml\dfrac{\mathrm{d}^2\theta}{\mathrm{d}t^2}$$

soit :

$$\dfrac{\mathbf{d}^2\theta}{\mathbf{d}t^2} + \dfrac{g}{l}\sin\theta = 0 \tag{3}$$

C'est l'équation différentielle cherchée.

Remarque

On peut aussi établir cette équation différentielle en utilisant la conservation de l'énergie totale.

L'énergie cinétique du pendule est :

$E_{\mathrm{K}} = \dfrac{1}{2}mv^2.$

Comme $v = \dfrac{\mathrm{d}x}{\mathrm{d}t} = l\dfrac{\mathrm{d}\theta}{\mathrm{d}t}.$

On a : $E_{\mathrm{K}} = \dfrac{1}{2}ml^2\left(\dfrac{\mathrm{d}\theta}{\mathrm{d}t}\right)^2$

figure 3

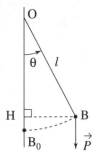

l'énergie potentielle du pendule est :
$E_{\mathrm{p}} = mg\mathrm{HB}_0 + K$
avec K constante
$\mathrm{HB}_0 = \mathrm{OB}_0 - \mathrm{OH}$

$\mathrm{HB}_0 = l - l\cos\theta$

d'où : $E_{\mathrm{p}} = mgl(1 - \cos\theta) + K.$

L'énergie totale du pendule vaut :

$$E = E_{\mathrm{K}} + E_{\mathrm{p}}.$$

Soit $E = \dfrac{1}{2}ml^2\left(\dfrac{\mathrm{d}\theta}{\mathrm{d}t}\right)^2 + mgl - mgl\cos\theta + K.$

L'énergie totale E étant constante, le système n'étant soumis à aucune force de frottement,

on a : $\dfrac{\mathrm{d}E}{\mathrm{d}t} = 0$

soit : $\quad 0 = \dfrac{1}{2}ml^2 \cdot 2\dfrac{d\theta}{dt}\dfrac{d^2\theta}{dt^2} + mgl\sin\theta\dfrac{d\theta}{dt}$

d'où : $\qquad\qquad\qquad\qquad \mathbf{\dfrac{d^2 j}{dt^2} + \dfrac{g}{l}\sin j = 0.}$

3) Cas d'un oscillateur harmonique

a) *Condition pour avoir un oscillateur harmonique*

Le pendule sera un oscillateur harmonique si θ est assez petit de telle sorte que l'on ait : $\quad \sin\theta \approx \theta$.

L'équation différentielle (3) devient :

$$\dfrac{d^2\theta}{dt^2} + \dfrac{g}{l}\theta = 0 \quad (4)$$

On a une équation différentielle du second ordre caractéristique d'un oscillateur harmonique.

b) *Pulsation* ω_0

L'équation différentielle (4) peut aussi s'écrire :

$$\dfrac{d^2\theta}{dt^2} + \omega_0^2\theta = 0$$

avec $\boldsymbol{\omega_0 = \sqrt{\dfrac{g}{l}}}$ (5), ω_0 étant la pulsation des oscillations harmoniques.

4) Oscillateur non harmonique

a) *Pourquoi cet oscillateur est dans le cas étudié non harmonique ?*

Si θ est trop grand on n'a plus la relation $\sin\theta \approx \theta$ (angle en radian). On ne peut plus obtenir l'équation différentielle (4) caractéristique d'un oscillateur harmonique. Donc, dans ce cas, l'oscillateur est non harmonique.

b) *Équation différentielle caractérisant cet oscillateur non harmonique*

À partir de l'équation différentielle (3) on a, avec la relation donnée dans l'énoncé :

$$\dfrac{d^2\theta}{dt^2} + \dfrac{g}{l}\left(\theta - \dfrac{\theta^3}{6}\right) = 0 \quad (6)$$

c) *Pulsation fondamentale et premier harmonique*

Comme $\theta = \theta_0\cos\omega t + \varepsilon\theta_0\cos 3\omega t$

la pulsation fondamentale est ω.

Le premier harmonique après la pulsation fondamentale est 3ω, un harmonique ayant une pulsation multiple entière de la pulsation fondamentale.

d) *Expressions de ω et de ε*

On a : $\theta = \theta_0\cos\omega t + \varepsilon\theta_0\cos 3\omega t$

soit $\quad \theta = \theta_0[\cos\omega t + \varepsilon\cos 3\omega t] \quad (7)$

On en déduit

$$\dfrac{d\theta}{dt} = -\theta_0\omega[\sin\omega t + 3\varepsilon\sin 3\omega t]$$

et $\quad \dfrac{d^2\theta}{dt^2} = -\theta_0\omega^2[\cos\omega t + 9\varepsilon\cos 3\omega t]$ (8)

Enfin $\quad \theta^3 = \theta_0^3[\cos^3\omega t + 3\varepsilon\cos^2\omega t \cdot \cos 3\omega t$

$$+ 3\varepsilon^2\cos\omega t\cos^2 3\omega t + \varepsilon^3\cos^3 3\omega t] \quad (9)$$

L'équation différentielle (6) devient en utilisant les relations (7), (8) et (9) :

$$-\theta_0\omega^2(\cos\omega t + 9\varepsilon\cos 3\omega t) + \frac{g}{l}[\theta_0(\cos\omega t + \varepsilon\cos 3\omega t)$$

$$-\frac{\theta_0^3}{6}(\cos^3\omega t + 3\varepsilon\cos^2\omega t\cos 3\omega t + 3\varepsilon^2\cos\omega t\cos^2 3\omega t + \varepsilon^3\cos^3 3\omega t)] = 0$$

soit comme : $\quad \cos^2\omega t = \dfrac{1 + \cos 2\omega t}{2}$

$$\text{et} \qquad \cos^3\omega t = \dfrac{3\cos\omega t + \cos 3\omega t}{4}$$

On a en développant et en se limitant au 1er ordre en ε :

$$-\omega^2(\cos\omega t + 9\varepsilon\cos 3\omega t) + \frac{g}{l}[\cos\omega t + \varepsilon\cos 3\omega t]$$

$$-\frac{g\theta_0^2}{6l}\left[\frac{3\cos\omega t}{4} + \frac{\cos 3\omega t}{4} + \frac{3\varepsilon(1 + \cos 2\omega t)}{2}\cos 3\omega t\right] \approx 0$$

(on ne tient pas compte des termes en ε^2 et ε^3, ε étant très petit par rapport à 1).

d'où :

$$-\omega^2\cos\omega t - 9\varepsilon\omega^2\cos 3\omega t + \frac{g}{l}\cos\omega t + \frac{g}{l}\varepsilon\cos 3\omega t$$

$$-\frac{g\theta_0^2\cos\omega t}{8l} - \frac{g\theta_0^2\cos 3\omega t}{24l} - \frac{g\theta_0^3\varepsilon}{4l}\cos 3\omega t - \frac{g\theta_0^2\varepsilon}{4l}\cos 2\omega t\cos 3\omega t = 0$$

sachant que $\cos 2\omega t\cos 3\omega t = \dfrac{\cos\omega t + \cos 5\omega t}{2}$

l'expression précédente devient :

$$-\omega^2\cos\omega t - 9\varepsilon\omega^2\cos 3\omega t + \frac{g}{l}\cos\omega t + \frac{g}{l}\varepsilon\cos 3\omega t - \frac{g\theta_0^2}{8l}\cos\omega t$$

$$-\frac{g\theta_0^2}{24l}\cos 3\omega t - \frac{g\varepsilon\theta_0^2}{4l}\cos 3\omega t - \frac{g\theta_0^2\varepsilon}{8l}\cos\omega t - \frac{g\theta_0^2\varepsilon}{8l}\cos 5\omega t = 0$$

d'où en se limitant au fondamental et au premier harmonique :

$$\cos\omega t\left(\frac{g}{l} - \omega^2 - \frac{g\theta_0^2}{8l} - \frac{\varepsilon g\theta_0^2}{8l}\right) + \cos 3\omega t\left(\frac{g}{l}\varepsilon - 9\varepsilon\omega^2 - \frac{g\theta_0^2}{24l} - \frac{\varepsilon g\theta_0^2}{4l}\right) = 0.$$

Pour déterminer ω, annulons le coefficient du fondamental :

$$\omega^2 = \frac{g}{l} - \frac{g\theta_0^2}{8l} - \frac{\varepsilon g\theta_0^2}{8l}.$$

En ne tenant pas compte du terme en ε et sachant que $\frac{g}{l} = \omega_0^2$, on a :

$$\omega^2 = \omega_0^2 - \frac{\omega_0^2 \theta_0^2}{8}$$

soit : $\omega = \omega_0 \left(1 - \frac{\theta_0^2}{8}\right)^{1/2}$.

En considérant $\dfrac{\theta_0^2}{8}$ petit par rapport à 1

(soit $\theta_0^2 < 0,08$ d'où $\theta_0 < 0,28$ rad $= 16°$)

$$\omega = \omega_0 \left(1 - \frac{\theta_0^2}{16}\right).$$

Pour déterminer ε, cherchons à annuler le coefficient du premier harmonique :
soit :

$$-9\varepsilon\omega^2 + \frac{g}{l}\varepsilon - \frac{g\theta_0^2}{24l} - \frac{g\varepsilon\theta_0^2}{4l} = 0$$

soit : $\varepsilon\left(\dfrac{g}{l} - 9\omega^2 - \dfrac{g\theta_0^2}{4l}\right) = \dfrac{g\theta_0^2}{24l}$

comme $\dfrac{g}{l} = \omega_0^2$ et $\omega^2 = \omega_0^2 \left(1 - \dfrac{\theta_0^2}{8}\right)$

$$\varepsilon\left(\omega_0^2 - 9\omega_0^2 + \frac{9\theta_0^2}{8}\omega_0^2 - \frac{\omega_0^2\theta_0^2}{4}\right) = \frac{\omega_0^2\theta_0^2}{24}$$

soit : $\varepsilon\left[1 - 9 + \left(\dfrac{9}{8} - \dfrac{1}{4}\right)\theta_0^2\right] = \dfrac{\theta_0^2}{24}$

$$\varepsilon\left[-8 + \frac{7}{8}\theta_0^2\right] = \frac{\theta_0^2}{24}.$$

En considérant, comme précédemment, $\dfrac{\theta_0^2}{8} \ll 1$

on a : $\theta_0^2 \ll 8$ ou $\dfrac{7}{8}\theta_0^2 \ll 1$

d'où $-8\varepsilon = \dfrac{\theta_0^2}{24}$

on obtient : $\varepsilon = -\dfrac{\theta_0^2}{192}.$

5) a) *Caractéristiques de la fonction* $\theta(t)$

La courbe $\theta(t)$ est périodique. La pulsation fondamentale est ω. L'équation diffé-rentielle caractéristique étant impaire, elle ne contient que des pulsations harmoniques impaires, la fonction $\theta(t)$ n'est donc pas harmonique.

Le spectre de la fonction $\theta(t)$ a donc l'allure ci-après.

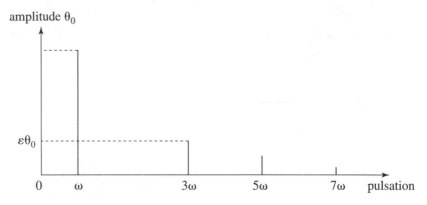

Les amplitudes des harmoniques sont rapidement décroissantes :

par exemple : $\dfrac{\text{amplitude du premier harmonique}}{\text{amplitude du fondamental}} = |\varepsilon|$

avec $|\varepsilon| = \dfrac{\theta_0^2}{192} \ll 1$ car θ_0 est au minimum inférieur à $\dfrac{\pi}{2}$ rad.

b) *Détermination de la courbe* $\theta(t)$

À la question **4) b)** on a montré que :

$$\omega = \omega_0\left(1 - \frac{\theta_0^2}{16}\right)$$

soit $\omega < \omega_0$

Comme $T = \dfrac{2\pi}{\omega}$ et $T = \dfrac{2\pi}{\omega_0}$

On a $T > T_0$.

La courbe $\theta(t)$ est donc celle qui a la plus grande période :

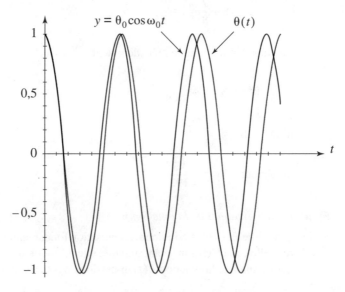

21. Oscillateur à plusieurs positions d'équilibre

1) Expression générale de l'énergie potentielle E_p

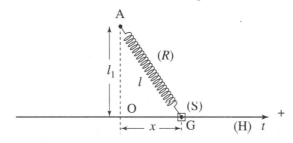

$$E_p = \frac{1}{2}k(l - l_0)^2 + K$$

avec $l = \sqrt{l_1^2 + x^2}$

d'où : $E_p = \frac{1}{2}k(\sqrt{l_1^2 + x^2} - l_0)^2 + K.$ (1)

Pour déterminer la constante K on utilise le fait que $E_p = 0$ pour $x = 0$

d'où : $0 = \frac{1}{2}k(l_1 - l_0)^2 + K$

soit : $K = -\frac{1}{2}k(l_1 - l_0)^2$ (2)

L'égalité (1) devient :

$$E_p = \frac{1}{2}k(\sqrt{l_1^2 + x^2} - l_0)^2 - \frac{1}{2}k(l_1 - l_0)^2$$

soit : $E_p = \frac{1}{2}k\left[(\sqrt{l_1^2 + x^2} - l_0)^2 - (l_1 - l_0)^2\right].$ (3)

Comme $a^2 - b^2 = (a + b)(a - b)$
l'égalité (3) devient :

$$E_p = \frac{1}{2}k\left[(\sqrt{l_1^2 + x^2} - l_0 + l_1 - l_0)(\sqrt{l_1^2 + x^2} - l_0 - l_1 + l_0)\right]$$

d'où : $E_p = \frac{1}{2}k\left[(\sqrt{l_1^2 + x^2} + l_1 - 2l_0)(\sqrt{l_1^2 + x^2} - l_1)\right]$

soit : $E_p = \frac{1}{2}k(\cancel{l_1^2} + x^2 + l_1\cancel{\sqrt{l_1^2 + x^2}} - 2l_0\sqrt{l_1^2 + x^2} - l_1\cancel{\sqrt{l_1^2 + x^2}} - \cancel{l_1^2} + 2l_0l_1)$

d'où : $E_p = \frac{1}{2}k(2l_0l_1 - 2l_0\sqrt{l_1^2 + x^2} + x^2)$ (4)

2) Étude du système dans le cas où $l_1 = 18$ **cm**

a) *Courbe* $E_p = f(x)$

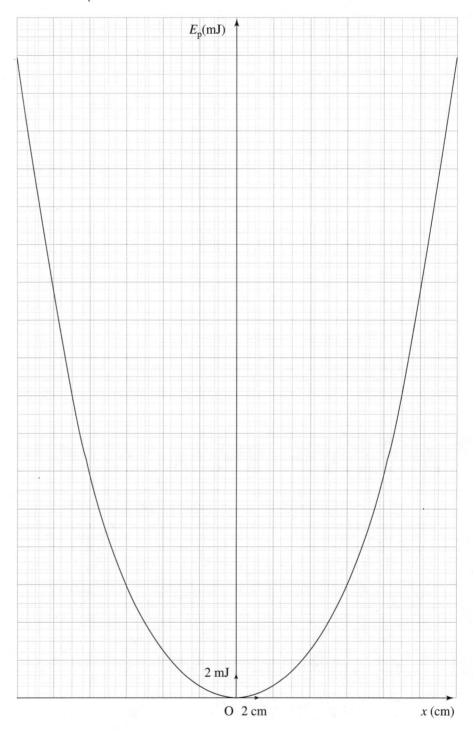

b) *A-t-on des oscillations ?*

On a des oscillations car on a une « cuvette » de potentiel.

c) *Le point O d'abscisse $x = 0$ est-il un point d'équilibre stable ?*

O est un point d'équilibre stable car il est situé au « fond » de la « cuvette » de potentiel : si on s'éloigne de cette position, le système tend naturellement à revenir en cette position.

d) *A-t-on un oscillateur harmonique ?*

Non, car pour avoir un oscillateur harmonique il faut une « cuvette » de potentiel de forme parabolique, c'est-à-dire avoir dans le cas étudié : $E_p = \dfrac{1}{2}k'x^2$, avec k' constante, ce qui n'est pas le cas.

e) *Nature de l'oscillateur dans le cas d'oscillations de faible amplitude*

On se place dans le cas où x est très petit par rapport à l_0 et l_1, ce qui implique que les rapports $\dfrac{x}{l_0}$ et $\dfrac{x}{l_1}$ sont très petits par rapport à 1.

Dans ce cas l'égalité (4) devient en faisant apparaître les rapports $\dfrac{x}{l_1} \ll 1$

$$E_p = \frac{1}{2}k\left[2l_0l_1 - 2l_0\sqrt{l_1^2\left(1 + \frac{x^2}{l_1^2}\right)} + x^2\right].$$

Comme $\left(1 + \dfrac{x^2}{l_1^2}\right)^{1/2} \approx 1 + \dfrac{x^2}{2l_1^2}$

on a :

$$E_p = \frac{1}{2}k\left[2l_0l_1 - 2l_0l_1\left(1 + \frac{x^2}{2l_1^2}\right) + x^2\right]$$

d'où : $E_p = \dfrac{1}{2}k\left(x^2 - \dfrac{2l_0l_1x^2}{2l_1^2}\right)$

soit : $E_p = \dfrac{1}{2}k\left(1 - \dfrac{l_0}{l_1}\right)x^2.$

Soit encore : $E_p = \dfrac{1}{2}k'x^2$

avec $k' = k\left(1 - \dfrac{l_0}{l_1}\right)$ constante positive.

Dans ce cas **on a un oscillateur harmonique.**

3) Étude du système dans le cas où $l_1 = 10$ cm

a) *Courbe $E_p = f(x)$*

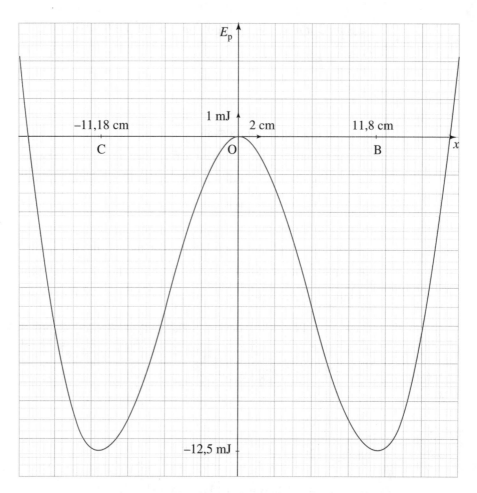

b) *Position d'équilibre du système*

• Graphiquement on observe 3 positions d'équilibre d'abscisse $x = 0{,}0$ cm, 11,18 cm et −11,18 cm. (points O, B et C)

• Par le calcul, les points d'équilibre sont tels que l'on ait $\dfrac{\mathrm{d}E_p}{\mathrm{d}x} = 0$ en ces points.

Comme $\quad E_p = \dfrac{1}{2}k\left[2l_0l_1 - 2l_0(l_1^2 + x^2)^{\frac{1}{2}} + x^2\right]$

On a $\quad \dfrac{\mathrm{d}E_p}{\mathrm{d}x} = \dfrac{1}{2}k\left[0 + -2l_0 \times \dfrac{1}{2} \times 2x(l_1^2 + x^2)^{-\frac{1}{2}} + 2x\right]$

soit $\quad \dfrac{\mathrm{d}E_p}{\mathrm{d}x} = kx\left(1 - \dfrac{l_0}{\sqrt{l_1^2 + x^2}}\right)$

$$\frac{dE_p}{dx} = 0 \quad \text{a pour solution}$$

$$x = 0 \quad \text{(point O)}$$

et $\quad l_0^2 = l_1^2 + x^2 \quad$ soit $\quad x = \pm\sqrt{l_0^2 - l_1^2}$

soit $\quad x = 11,18$ cm $\quad$ (point B)

et $\quad\quad x = -11,18$ cm $\quad$ (point C).

c) *Stabilité des points d'équilibre*

Un point d'équilibre est stable si sa position correspond au creux d'une « cuvette » de potentiel : si on écarte le système de cette position d'équilibre, il reviendra vers cette position d'équilibre.

Il en résulte que les points B et C sont des points d'équilibre stable.

Par contre le point O est un point d'équilibre instable.

d) *Le système peut-il générer des oscillations ?*

Le système peut générer des oscillations autour des points d'équilibre stable.

On aura donc 2 possibilités pour créer des oscillations : soit autour de B, soit autour de C.

Remarque

Les 2 « cuvettes » de potentiel n'étant pas paraboliques, les oscillations créées ne seront pas harmoniques.

22. LE BOTAFUMEIRO : OSCILLATEUR PARAMÉTRIQUE

1

1) Accélération du point de suspension O

$z = z_0 \cos \Omega t$.

On a $\dfrac{d^2 z}{dt^2} = -z_0 O^2 \cos \Omega t$ (1)

2) Nature du référentiel (R)

Le point O n'est pas en translation rectiligne uniforme par rapport au référentiel terrestre, ce dernier étant considéré comme galiléen.

Le référentiel (R) lié au point O et dont les axes sont parallèles à ceux du référentiel terrestre n'est donc pas galiléen.

3) Mouvement de B dans le repère terrestre

    a) *Accélération de B dans ce repère* $\overrightarrow{a_B}$

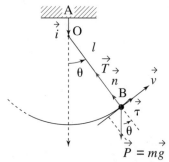

$\overrightarrow{AB} = \overrightarrow{AO} + \overrightarrow{OB}$

$\overrightarrow{a_B} = \dfrac{d^2 \overrightarrow{AB}}{dt^2} = \dfrac{d^2 z}{dt^2}\vec{i} + \dfrac{d^2 \overrightarrow{OB}}{dt^2}$

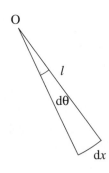

avec $\dfrac{d^2 z}{dt^2} = -z_0 \Omega^2 \cos \Omega t$ (d'après (1)).

et $\dfrac{d^2 \overrightarrow{OB}}{dt^2} = \dfrac{v^2}{l}\vec{n} + \dfrac{dv}{dt}\vec{\tau}$.

Comme $v = \dfrac{dx}{dt}$, avec $dx = l\,d\theta$

on a : $v = l\dfrac{d\theta}{dt}$ et $\dfrac{dv}{dt} = l\dfrac{d^2\theta}{dt^2}$

d'où : $\overrightarrow{a_B} = \dfrac{d^2 \overrightarrow{AB}}{dt^2} = -z_0 O^2 \cos O\,t\,\vec{i} + l\left(\dfrac{dj}{dt}\right)^2\vec{n} + l\dfrac{d^2 j}{dt^2}\vec{\tau}$ (2)

b) *Équation différentielle caractéristique*

Appliquons la relation fondamentale de la dynamique au point matériel B dans le référentiel terrestre.

On a : $\sum \overrightarrow{\text{forces}}$ appliqués $= m\overrightarrow{a_B}$ (3)

Les 2 forces appliquées au point matériel B dans le référentiel terrestre sont :

— le poids $\overrightarrow{P} = m\overrightarrow{g} = mg\,\overrightarrow{i}$;

— la tension $\overrightarrow{T}$ du fil $= T \cdot \overrightarrow{n}$.

La relation (3) donne, en utilisant l'égalité (2) :

$$T \cdot \overrightarrow{n} + mg\,\overrightarrow{i} = m\left(-z_0\Omega^2\cos\Omega t\,\overrightarrow{i} + l\left(\frac{d\theta}{dt}\right)^2\overrightarrow{n} + l\frac{d^2\theta}{dt^2}\overrightarrow{\tau}\right).$$

Comme on cherche une relation avec $\dfrac{d^2\theta}{dt^2}$, projetons suivant $\overrightarrow{\tau}$:

on obtient :

$$0 - mg\sin\theta = m\left(z_0\Omega^2\cos\Omega t\sin\theta + 0 + l\frac{d^2\theta}{dt^2}\right)$$

(la projection de $\overrightarrow{i}$ sur $\overrightarrow{n}$ donne $-\sin\theta$)

d'où :

$$l\frac{d^2\theta}{dt^2} + (g + z_0\Omega^2\cos\Omega t)\sin\theta = 0$$

soit : $\dfrac{d^2\theta}{dt^2} + \left(\dfrac{g}{l} + \dfrac{z_0\Omega^2}{l}\cos\Omega t\right)\sin\theta = 0$

ou encore $\dfrac{d^2\theta}{dt^2} + \dfrac{g}{l}\left(1 + \dfrac{z_0\Omega^2}{g}\cos\Omega t\right)\sin\theta = 0.$

Équation différentielle du type

$$\frac{d^2\theta}{dt^2} + \omega_0^2(1 + b\cos\Omega t)\sin\theta = 0$$

avec $\omega_0 = \sqrt{\dfrac{g}{l}}$ et $b = \dfrac{z_0\Omega^2}{g}.$

c) *Type de pendule*

On a : $\beta = \omega_0^2(1 + b\cos\Omega t)$.

Le coefficient β dépend du temps : on a un pendule **paramétrique.**

2   **Application au Botafumeiro de Saint-Jacques de Compostelle**

1) Variations d'énergie après chaque « tirer-relâcher »

On tire (position verticale)

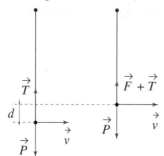

$$E_K = \frac{1}{2}mv^2 = \frac{1}{2}m\vec{v}^2$$

$$\frac{dE_K}{dt} = \frac{1}{2}m2\vec{v}\frac{d\vec{v}}{dt}$$

$$= m\frac{d\vec{v}}{dt} \cdot \vec{v}$$

$$= \vec{F} \cdot \vec{v}.$$

La force $\vec{F}$ est perpendiculaire à $\vec{v}$: le produit scalaire est nul $\Rightarrow \left.\dfrac{dE_K}{dt}\right| = 0.$

L'énergie cinétique ne varie pas par contre l'énergie potentielle augmente de mgd, l'encensoir montant de d.

On relâche (position élongation maximale)

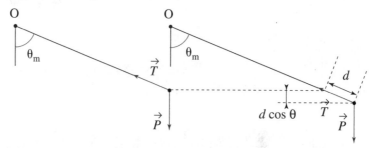

À l'élongation maximale, la vitesse est nulle l'énergie cinétique ne varie pas.

Par contre la masse m descend de $d\cos\theta_m$ elle perd donc une énergie potentielle $mgd\cos\theta_m$.

Donc pour un « tirer-relâcher » on a un gain d'énergie potentielle de $mgd(1 - \cos\theta_m)$.

Comme on n'a pas eu de gain d'énergie cinétique, on a un gain global d'énergie totale.
$$E_0 = mgd(1 - \cos\theta_m).$$

Remarque

On néglige la petite variation d'énergie cinétique quand on tire et on relâche la corde, énergie cinétique due au déplacement du Botafumeiro le long de l'axe de la corde.

2) Variation de l'amplitude des oscillations

L'énergie totale vaut : $E = E_p + E_K$

avec $\quad E_K = \dfrac{1}{2}mv^2 \quad$ et $\quad E_p = mgl(1 - \cos\theta).$

En prenant $E_p = 0$ en la position d'équilibre $\theta = 0$

pour $\theta = \theta_m$ on a $v = 0$ d'où $E_K = 0$

on a donc : $E = mgl(1 - \cos\theta_m)$

si E augmente, $\cos\theta_m$ diminue, d'où θ_m augmente.

En appliquant la procédure donnée au **a)** l'amplitude des oscillations augmente.

3) Vitesse maximale du Botafumeiro

En la position d'équilibre on a $E_p = 0$ et donc $E_K = E_{Ké} = \frac{1}{2}mv_é^2 = E$

d'où $\quad \frac{1}{2}mv_é^2 = mgl(1 - \cos\theta_m)$

$v_é$ étant la vitesse de passage en la position d'équilibre

d'où $\quad v_é = \sqrt{2gl(1 - \cos\theta_m)}$

pour $\quad \theta_m = \theta_{m\,max} \quad$ on a $\quad v_é = v_{é\,max}$

avec $\quad v_{é\,max} = \sqrt{2gl(1 - \cos j_{m\,max})}$

Application numérique : $v_{é\,max} = \sqrt{2 \times 9,8 \times 20,6(1 - \cos 82°)}$

Soit $\quad v_{é\,max} = \textbf{18,6 m/s} = \textbf{67,1 km/h.}$

4) Relation entre la fréquence des excitations et la fréquence des oscillations

On a 2 « tirer-relâcher » par période des oscillations si les huit tireurs appliquent la procédure décrite au **a)**.

La fréquence des « tirer-relâcher » est donc double de celle des oscillations :

$$N = 2\nu.$$

Comme $\quad \Omega = 2\pi N \quad$ et $\quad \omega = 2\pi\nu$

il en résulte :

$$\Omega = 2\omega.$$

5) Valeur maximale de z_0 pour avoir des oscillations

Pour avoir des oscillations il faut que le terme β de l'équation différentielle

$\dfrac{d^2\theta}{dt^2} + \beta\sin\theta = 0$ soit positif.

Il faut, comme $\beta = \omega_0^2(1 + b\cos\Omega t)$

$1 + b\cos\Omega t > 0$.

Cela est vérifié, quel que soit t si $b < 1$.

Or $\quad b = \dfrac{z_0\Omega^2}{g}$.

Soit avec $\quad \Omega = 2\omega, \quad \omega = \omega_0 \quad$ et $\quad \omega_0^2 = \dfrac{g}{l}$

On a :

$$b = \frac{4\omega_0^2 z_0}{g} = \frac{4\frac{g}{l}z_0}{g}$$

soit : $b = \dfrac{4z_0}{l}$

$b < 1$ implique $4z_0 < l$

soit $z_0 < \dfrac{l}{4}$

Application numérique : $z_0 < $ 5,15 m.

Pour le Botafumeiro on prend $d \approx 3$ m $< z_0$.

6) Trajectoire de phase

C'est la représentation de $\dfrac{1}{\omega}\dfrac{d\theta}{dt}$ en fonction de θ.

b petit devant 1, signifie que l'amplification du mouvement du Botafumeiro ne sera pas trop rapide : on a donc une trajectoire de phase en forme de spirale croissante assez régulière.

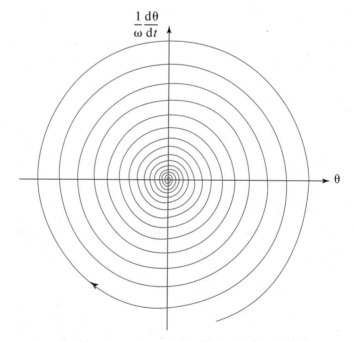

Remarque
Si on augmente b, la spirale sera nettement moins régulière!
(b restant cependant inférieur à 1!)

23. LE VASE DE TANTALE : OSCILLATIONS DE RELAXATION

1) Débit volumique maximal : d_{max} du siphon

Le débit volumique d du siphon vaut :

$$\delta = s \times v_0$$

v_0 étant la vitesse de l'eau à la sortie de l'orifice O.

La vitesse d'un corps en chute libre sans vitesse initiale après une chute libre de hauteur z est telle que :

$$v_0^2 = 2gz$$

soit : $v_0 = \sqrt{2gz}$

d'où : $\delta = s \cdot \sqrt{2gz}$ (1)

on a $\delta = \delta_{max}$ si $z = z_{max} = h + H$

il en résulte : $\delta_{max} = s \cdot \sqrt{2g(h + H)}$

Application numérique : $s = 1 \cdot 10^{-4}$ m^2 $g = 9{,}8$ m/s^2 $h + H = 1{,}20$ m

soit $\delta_{max} = 4{,}85 \cdot 10^{-4}$ m^3/s $= 485$ cm^3/s

(1 m^3 = 10^6 cm^3).

2) Les différents régimes du vase de Tantale

a) *Équation différentielle vérifiée par la hauteur z de la surface libre de l'eau*

La variation dV du volume d'eau dans le vase de Tantale pendant la durée dt vaut :

$$dV = (D - \delta)\,dt.$$

Comme $dV = S \cdot dz.$

On a $dz = \dfrac{(D - \delta)\,dt}{S}$

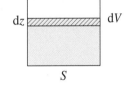

En utilisant la relation (1) on obtient :

$$\frac{dz}{dt} = \frac{D - s\sqrt{2gz}}{S}$$

soit $\dfrac{dz}{dt} + \dfrac{s\sqrt{2gz}}{S} = \dfrac{D}{S}.$ (2)

b) *Hauteur limite h_{lim} de la surface de l'eau*

La hauteur $z = H_0 + h$ de la surface libre de l'eau atteint sa valeur limite quand

$\dfrac{dz}{dt} = 0.$

De l'équation différentielle (2) on obtient :

$$\frac{s\sqrt{2gz_{lim}}}{S} = \frac{D}{S}$$

soit $z_{lim} = \dfrac{D^2}{2gs^2}.$

Comme $z = H_0 + h$ (*cf.* schéma du dispositif)

On a : $h_{\lim} = z_{\lim} - H_0$

soit : $$h_{\lim} = \frac{D^2}{2gs^2} - H_0. \quad (3)$$

c) *Débits limites D_1 et D_2 pour que le niveau limite de la surface libre de l'eau soit dans le vase de Tantale*

Les valeurs limites de h sont $h = H_1$ ($h < H_1$, le niveau monte car le vase se remplit sans se vider) et $h = H$ ($h > H$, le vase déborde)

1er cas : $h_{\lim} = H_1$

De (3) on a : $H_1 = \dfrac{D_1^2}{2gs^2} - H_0$

soit : $D_1 = s\sqrt{2g(H_0 + H_1)}.$

2e cas : $h_{\lim} = H$

de (3) on a :
$$H = \frac{D_2^2}{2gs^2} - H_0$$

soit : $D_2 = s\sqrt{2g(H_0 + H)}$

Application numérique : $D_1 = 10^{-4}\sqrt{2 \times 9{,}8 \times 0{,}90}$ $D_2 = 10^{-4}\sqrt{2 \times 9{,}8 \times 1{,}2}$

$$\mathbf{D_1 = 420 \ cm^3} \qquad\qquad \mathbf{D_2 = 485 \ cm^3/s}$$

(rappel 1 m^3 = 10^6 cm^3).

d) *Valeur du débit du robinet pour que le niveau limite de la surface libre de l'eau soit au niveau du sommet du siphon*

Dans ce cas on a :

$h = H_1 + H_2$ (*cf.* schéma du dispositif)

L'égalité (3) donne :

$$H_1 + H_2 = \frac{D_B^2}{2gs^2} - H_0$$

soit $D_B = s\sqrt{2g(H_0 + H_1 + H_2)}$

Application numérique : $D_B = 10^{-4}\sqrt{2 \times 9{,}8 \times 1{,}1}$

$\mathbf{D_B = 464 \ cm^3/s.}$

e) *Les différents régimes d'écoulement possibles*

• **1er régime** : $D < D_1$

Le niveau de l'eau, après amorçage du siphon descend jusqu'au niveau de l'orifice supérieur A du siphon, avant d'avoir atteint son niveau limite : il y a alors désamorçage du siphon qui se vide totalement.

L'arrivée d'eau par le robinet R fait remonter le niveau de l'eau jusqu'au niveau B : sommet du siphon. Ce dernier se réamorce et le cycle continue…

On a un régime périodique non sinusoïdal, entretenu par un apport **continu** d'énergie : on a des **oscillations de relaxation.**

• **2e régime** : $D_1 \leqslant D \leqslant D_B$

Le niveau de l'eau, après amorçage du siphon descend et atteint le niveau limite $h_{\lim}$ compris entre H_1 et $H_1 + H_2$: **le niveau de l'eau se stabilise donc à un niveau compris entre le niveau de A : ouverture supérieure du siphon et le niveau de B : sommet du siphon.**

• **3e régime** : $D_B < D \leqslant D_2$

Le niveau de l'eau, après amorçage du siphon continue à monter et atteint le niveau limite $h_{\lim}$ compris entre $H_1 + H_2$ et H : **le niveau de l'eau se stabilise donc à un niveau compris entre le niveau de B : sommet du siphon et le haut du vase.**

• **4e régime** : $D > D_2$

Le niveau de l'eau, après amorçage du siphon continue à monter et se stabiliserait à un niveau limite $h_{\lim}$ supérieur à H, hauteur du vase : **l'eau déborde du vase de Tantale.**

3) Étude des oscillations de relaxation

a) *Régime étudié*

$D = 100 \text{ cm}^3/\text{s} < D_1 = 420 \text{ cm}^3/\text{s}$

On est dans le 1er régime : on a des **oscillations de relaxation.**

b) *Durée t_1 : le niveau de l'eau diminue : vidange du vase de Tantale*

Pendant la durée t_1 le niveau de l'eau diminue : h passe de $H_2 + H_1$ à H_1, donc z passe de $H_0 + H_1 + H_2$ à $H_0 + H_1$.

Pendant la durée t_1, le volume d'eau du vase de Tantale diminue de $S \cdot H_2$. Pendant cette même durée le vase reçoit du robinet un volume d'eau $D \times t_1$ et il perd par le siphon un volume $\delta \times t_1$.

On a donc $S \cdot H_2 = \delta t_1 - D t_1 = (\delta - D) t_1$

d'où $t_1 = \dfrac{S \cdot H_2}{\delta - D}$ (4)

Comme $\delta = s \cdot v_0$

et $v_0 = \sqrt{2 g z_{\max}}$ (*cf.* 1)

en considérant la vitesse en O constante et égale à la vitesse correspondant à la hauteur z_{moyenne}

on a $\delta = s \sqrt{2 g z_{\text{moy}}}$

Comme $z_{\text{moy}} = \dfrac{z_B - z_A}{2} = \dfrac{H_0 + H_1 + H_2 + H_0 + H_1}{2}$

soit $z_{\text{moy}} = H_0 + H_1 + \dfrac{H_2}{2}$

le débit δ du siphon vaut :

$$\delta = s \sqrt{2 g \left(H_0 + H_1 + \frac{H_2}{2} \right)}$$

L'égalité (4) devient :

$$t_1 = \frac{S H_2}{s \sqrt{2 g \left(H_0 + H_1 + \dfrac{H_2}{2} \right)} - D}$$

Application numérique : $t_1 = \dfrac{100 \cdot 10^{-4} \times 0,20}{1 \times 10^{-4}\sqrt{2 \times 9,8(1,00)} - 100 \cdot 10^{-6}}$

(utiliser les unités S.I.)

$$t_1 = 5,8 \text{ s.}$$

Remarque

Le calcul précis de t_1, sans faire l'approximation proposée dans l'énoncé donne :

$$t_1 = \frac{s}{gs^2}\left[(D_B - D_1) + D\ln\frac{D_B - D}{D_1 - D}\right]$$

numériquement on retrouve $t_1 = 5,8$ s l'approximation proposée est donc acceptable. (Plus précisément 5,80 s au lieu de 5,84 s).

c) *Durée t_2 : le niveau de l'eau monte jusqu'à l'amorçage du siphon*

Du désamorçage jusqu'à l'amorçage le vase de Tantale reçoit un volume d'eau $S \times H_2$ (H_2 dénivelé entre A et B) de la part du robinet qui a un débit D

d'où $\quad D \cdot t_2 = S \cdot H_2$

soit : $\quad t_2 = \dfrac{S \cdot H_2}{D}$

Application numérique : $t_2 = \dfrac{100 \cdot 10^{-4} \times 0,20}{100 \cdot 10^{-6}}$

d'où : $t_2 = 20$ s.

d) *Période T des oscillations*

$T = t_1 + t_2$

soit : $\quad T = 25,8$ s

e) *Type d'oscillations étudié*

Contrairement à celle d'un oscillateur ordinaire, la période d'un oscillateur de relaxation dépend du mécanisme d'entretien : ici le débit du robinet, et pas seulement de l'oscillateur lui-même.

($T = t_1 + t_2$ et t_1 et t_2 dépendent de D : *cf.* **b**) et **c**).)

f) *Allure du graphe $h = f(t)$*

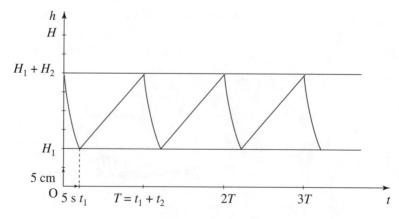

24. Oscillateur de Van der Pol

1) Équation différentielle caractéristique de cet oscillateur mécanique

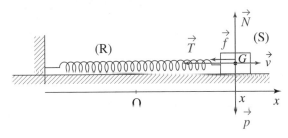

On se place dans le repère terrestre assimilable à un repère galiléen.
Les forces appliquées au solide (S) de masse m sont :

– le poids $\vec{P} = m\vec{g}$;

– la réaction $\vec{N}$ du support ;

– la force de frottement $\vec{f} = -h\vec{v}$;

– la tension du ressort $\vec{T} = -k\vec{x}$.

En appliquant la relation fondamentale de la dynamique au solide (S), $\vec{a}$ étant l'accélération du centre d'inertie G de ce solide, on a :

$$\sum \overrightarrow{\text{forces}} \text{ appliquées} = m\vec{a}$$

soit $\vec{P} + \vec{N} + \vec{T} + \vec{f} = m\vec{a}$.

$\vec{P} + \vec{N} = \vec{0}$ (la réaction du support est opposée au poids, le support étant horizontal)

d'où : $\vec{f} + \vec{T} = m\vec{a}$

soit en projetant suivant l'axe Ox :

$$-hv - hx = ma$$

d'où :
$$m\frac{\mathrm{d}^2x}{\mathrm{d}t^2} + h\frac{\mathrm{d}x}{\mathrm{d}t} + hx = 0. \quad (1)$$

C'est l'équation différentielle cherchée.

2) Variation de l'énergie mécanique au cours du temps

L'énergie cinétique de ce système est :

$$E_k = \frac{1}{2}mv^2 = \frac{1}{2}m\left(\frac{\mathrm{d}x}{\mathrm{d}t}\right)^2$$

d'où :
$$\frac{\mathrm{d}E_k}{\mathrm{d}t} = m\frac{\mathrm{d}x}{\mathrm{d}t}\frac{\mathrm{d}^2x}{\mathrm{d}t^2} \quad (2)$$

l'énergie potentielle de ce système est : $E_p = \frac{1}{2}kx^2$

d'où :
$$\frac{dE_p}{dt} = kx\frac{dx}{dt} \quad (3)$$

On constate alors qu'en multipliant l'équation différentielle (1) par $\dfrac{dx}{dt}$ on fait apparaître les expressions de $\dfrac{dE_k}{dt}$ et de $\dfrac{dE_p}{dt}$.

Soit :
$$m\frac{dx}{dt}\frac{d^2x}{dt} + h\left(\frac{dx}{dt}\right)^2 + kx\frac{dx}{dt} = 0$$

d'où :
$$\frac{dE_k}{dt} + h\left(\frac{dx}{dt}\right)^2 + \frac{dE_p}{dt} = 0. \quad (4)$$

Comme $E_p + E_k = E$ on a $\dfrac{dE}{dt} = \dfrac{d}{dt}(E_k + E_p)$.

De plus $\dfrac{dx}{dt} = v$.

L'égalité (4) devient :
$$\frac{dE}{dt} = -hv^2 \quad (5)$$

3) Variation de l'énergie mécanique dans un oscillateur de Van der Pol

a) *Unités S.I. de h, x_0 et* λ

$f = -hv$: f s'exprime en N, donc en $kg \cdot m \cdot s^{-2}$ (car $f = ma$ aussi), v s'exprime en $m \cdot s^{-1}$, **h s'exprime donc en $kg \cdot s^{-1}$.**

x_0 est une longueur (même unité que x), **x_0 s'exprime en m,** $\lambda = \dfrac{h}{x^2 - x_0^2}$:

h s'exprime en $kg \cdot s^{-1}$, x^2 et x_0^2 en m², **donc λ s'exprime en $kg \cdot m^2 \cdot s^{-1}$.**

b) *Allure de la courbe $h = f(x)$*

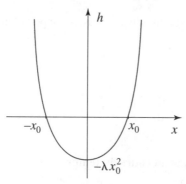

- $h = 0$ pour $x = \pm x_0$.
- $h = -\lambda x_0^2$ pour $x = 0$ (valeur minimale de h).

c) *Types d'oscillations en fonction de* $|x|$

α) $|x| < x_0$

On a $h = \lambda(x^2 - x_0^2) < 0$.

De l'expression (5) : $\dfrac{dE}{dt} = -hv^2$ on en déduit $\dfrac{dE}{dt} > 0$: le système gagne de l'énergie, l'amplitude des oscillations augmente.

β) $|x| = x_0$

On a $h = \lambda(x^2 - x_0^2) = 0$, il en résulte $\dfrac{dE}{dt} = -hv^2 = 0$ donc $E =$ constante.

Il y a conservation de l'énergie mécanique : le système oscillant est entretenu, sa pulsation étant $\omega_0 = \sqrt{\dfrac{k}{m}}$.

Dans ce cas l'amplitude des oscillations reste constante.

γ) $|x| > x_0$

On a $h = \lambda(x^2 - x_0^2) > 0$, il en résulte $\dfrac{dE}{dt} = -hv^2 < 0$.

Le système perd de l'énergie : l'amplitude des oscillations diminue.

d) *Variation de l'énergie mécanique de l'oscillateur en régime permanent*

En régime permanent la variation de l'énergie mécanique de l'oscillateur moyennée sur une période est nulle : il y a globalement conservation de l'énergie mécanique, sinon on n'est plus en régime permanent.

Ce qui est vrai pour une période, et vrai pour un nombre entier de périodes, c'est aussi vrai pour une durée quelconque, si cette durée est grande par rapport à la période : l'écart portant sur la variation d'énergie mécanique sur une fraction de période est alors négligeable.

4) Étude de l'oscillateur de Van der Pol

a) *Équation différentielle caractéristique*

L'équation différentielle (1) devient, sachant que $h = \lambda(x^2 - x_0^2)$:

$$m\dfrac{d^2x}{dt^2} + \lambda(x^2 - x_0^2)\dfrac{dx}{dt} + kx = 0 \quad (6)$$

b) *Variation de l'énergie mécanique au cours du temps*

On applique la même méthode qu'au **2)** l'égalité (6) devient en multipliant tous les termes par $\dfrac{dx}{dt}$:

$$m\dfrac{dx}{dt}\dfrac{d^2x}{dt^2} + \lambda(x^2 - x_0^2)\left(\dfrac{dx}{dt}\right)^2 + kx\dfrac{dx}{dt} = 0$$

d'où : $\quad \dfrac{dE_k}{dt} + \lambda(x^2 - x_0^2)\left(\dfrac{dx}{dt}\right)^2 + \dfrac{dE_P}{dt} = 0$

ou encore : $\quad \dfrac{dE}{dt} = -\lambda(x^2 - x_0^2)\left(\dfrac{dx}{dt}\right)^2 \quad (7)$

c) *Variation de l'énergie mécanique en régime permanent*

α) Variation de l'énergie mécanique pendant une période

En régime permanent la variation de l'énergie mécanique moyenne sur une période est nulle.

Soit $\quad \displaystyle\int_0^T dE = 0$.

β) Relation entre l'amplitude x_m et x_0

De la relation (7) on a :

$$dE = -\lambda(x^2 - x_0^2)\left(\frac{dx}{dt}\right)^2 dt$$

d'où en utilisant la relation (8) :

$$\int_0^T -\lambda(x^2 - x_0^2)\left(\frac{dx}{dt}\right)^2 dt = 0$$

ce qui implique : $\displaystyle\int_0^T (x^2 - x_0^2)\left(\frac{dx}{dt}\right)^2 dt = 0$ (9)

On fait l'hypothèse d'oscillations quasi-sinusoïdales en posant :

$$x = x_m \cos\omega t$$

on en déduit $\displaystyle\frac{dx}{dt} = -x_m\omega\sin\omega t$.

La relation (9) devient :

$$\int_0^T (x_m^2\cos^2\omega t - x_0^2)x_m^2\omega^2\sin^2\omega t\, dt = 0$$

soit $\displaystyle x_m^2\omega^2\left[\int_0^T x_m^2\cos^2\omega t\sin^2\omega t\, dt - \int_0^T x_0^2\sin^2\omega t\, dt\right] = 0$

L'expression entre [ ] doit être nulle. Soit :

$$\int_0^T \frac{x_m^2\sin^2 2\omega t}{4}\, dt - \int_0^T x_0^2\sin^2\omega t\, dt = 0$$

ou encore

$$\int_0^T \frac{x_m^2}{8}(1 + \cos 4\omega t)\, dt - \int_0^T \frac{x_0^2}{2}(1 + \cos 2\omega t)\, dt = 0 \quad (10)$$

Comme $\omega = \dfrac{2\pi}{T}$, les fonctions de pulsation 4ω et 2ω sont de période $\dfrac{T}{4}$ et $\dfrac{T}{2}$ respectivement.

Sachant que l'intégrale d'une fonction cosinus ou sinus est nulle sur un intervalle égal à un nombre entier de périodes, l'égalité (10) devient :

$$\int_0^T \frac{x_m^2\, dt}{8} - \int_0^T \frac{x_0^2}{2}\, dt = 0$$

soit $\qquad\qquad\qquad\qquad \dfrac{x_m^2 T}{8} - \dfrac{x_0^2 T}{2} = 0$

d'où $\qquad\qquad\qquad\qquad x_m^2 = 4x_0^2$

soit, comme x_m est positif :

$$x_m = 2x_0.$$

Pour cet oscillateur de type Van der Pol, en régime permanent, l'amplitude x_m des oscillations est le double de x_0.

25. RÉSONANCE EN INTENSITÉ

1) Équation différentielle donnant u en fonction de q, $\dfrac{dq}{dt}$ et $\dfrac{d^2q}{dt^2}$

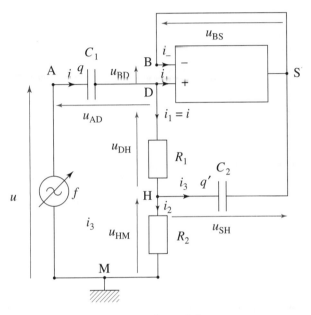

D'après le schéma et avec les notations ci-dessus on a :

$$u_{AM} = u = u_{AD} + u_{DH} + u_{HM} \quad (1) \quad \text{avec} \quad u_{AD} = \frac{q}{C_1} \quad (2)$$

$$u_{DH} = R_1 i_1 \quad (3) \quad \text{et} \quad u_{HM} = R_2 i_2 \quad (4)$$

• D'après la loi des nœuds en D on a :

$i = i_+ + i_1$.

Comme $i_+ = 0$ (propriété de l'A.O.) On a $i_1 = i$.   (5)

• D'après la loi des nœuds en H on a :

$$i = i_2 + i_3$$

soit $i_2 = i - i_3$.

Pour déterminer i_3, on écrit 2 fois la tension u_{BH}, de 2 manières différentes :

$$u_{BH} = u_{BD} + u_{DH}$$

et $u_{BH} = u_{BS} + u_{SH}$

$u_{BD} = 0$ (propriété de l'A.O. en régime linéaire)

$u_{BS} = 0$ (ces 2 points sont reliés par un fil)

il en résulte $\quad u_{DH} = u_{SH}$.

Or soit $R_1 i = -\dfrac{q'}{C_2}$ $\quad$ (6)

(q' étant la charge du condensateur de capacité C_2, le signe $-$ provenant du fait que i_3 et u_{HS} ont même « sens »).

Dérivons l'égalité (6)

on a : $\quad R_1 \dfrac{di}{dt} = -\dfrac{1}{C_2} \cdot \dfrac{dq'}{dt}$.

Or par définition : $\quad i_3 = \dfrac{dq'}{dt}$

d'où : $\qquad\qquad\qquad i_3 = -R_1 C_2 \dfrac{di}{dt}$

il en résulte :

$$i_2 = i - i_3 = i + R_1 C_2 \dfrac{di}{dt}. \quad (7)$$

La relation (1) devient, en utilisant les égalités (2), (3), (4), (5) et (7)

$$u = \frac{q}{C_1} + R_1 i + R_2\left(i + R_1 C_2 \frac{di}{dt}\right)$$

soit comme $\quad i = \dfrac{dq}{dt}$

$$u = \frac{q}{C_1} + (R_1 + R_2)\frac{dq}{dt} + R_1 R_2 C_2 \frac{d^2q}{dt^2}.$$

C'est l'équation différentielle cherchée.

2) Étude de la résonance

a) Relation entre u et i à la résonance

L'équation différentielle précédente peut aussi s'écrire sachant que :

$\dfrac{dq}{dt} = i, \ \dfrac{d^2q}{dt^2} = \dfrac{di}{dt}$ et $q = \displaystyle\int i\,dt$

$$u = \frac{1}{C_1}\int i\,dt + (R_1 + R_2)i + R_1 R_2 C_2 \frac{di}{dt}.$$

Sachant que $\displaystyle\int i\,dt$ est en quadrature retard par rapport à i et que $\dfrac{di}{dt}$ est en quadrature avance par rapport à i, si u et i sont en phase, il faut que les termes $\dfrac{1}{C_1}\displaystyle\int i\,dt$ et $R_1 R_2 C_2 \dfrac{di}{dt}$ s'annulent.

En effet si $\quad i = I\sin(\omega t + \varphi)$

on a : $\qquad \dfrac{\mathrm{d}i}{\mathrm{d}t} = I\omega\sin\left(\omega t + \varphi + \dfrac{\pi}{2}\right)$

et $\qquad \displaystyle\int i\,\mathrm{d}t = \dfrac{I}{\omega}\sin\left(\omega t + \varphi - \dfrac{\pi}{2}\right).$

D'où la relation entre u et i à la résonance, sachant que $i = \dfrac{\mathrm{d}q}{\mathrm{d}t}$:

$$u = (R_1 + R_2)i.$$

b) *Fréquence de résonance f_0*

On a résonance quand les termes $\dfrac{1}{C_1}\displaystyle\int i\,\mathrm{d}t$ et $R_1 R_2 C_2 \dfrac{\mathrm{d}i}{\mathrm{d}t}$ s'annulent (*cf.* **a**)) ce qui

revient à :

$$\frac{q}{C_1} + R_1 R_2 C_2 \frac{\mathrm{d}^2 q}{\mathrm{d}t^2} = 0 \quad (8)$$

soit : $\qquad \dfrac{\mathrm{d}^2 q}{\mathrm{d}t^2} + \dfrac{q}{R_1 R_2 C_1 C_2} = 0$

on a une équation différentielle du 2e ordre sans second membre, dont la solution générale est :

$$q = Q_0 \sin(\omega_0 t + \varphi)$$

avec $\qquad \omega_0 = \dfrac{1}{\sqrt{R_1 R_2 C_1 C_2}}.$

Comme $f_0 = \dfrac{\omega_0}{2\pi}$, la fréquence de résonance de ce circuit vaut :

$$f_0 = \frac{1}{2\pi\sqrt{R_1 R_2 C_1 C_2}}.$$

Application numérique :

$C_1 = 10 \cdot 10^{-12}\ \mathrm{F} \quad C_2 = 500 \cdot 10^{-9}\ \mathrm{F} \quad R_1 = 15 \cdot 10^3\ \Omega \quad R_2 = 20 \cdot 10^3\ \Omega$

$$f_0 = 4\,110\ \mathbf{Hz}.$$

26. RÉSONANCE EN TENSION

1) Relation entre u_{SM}, u_C, u et E_0

De la propriété caractéristique du multiplieur fonctionnant en régime non saturé on a :

$$u_{SM} = k u_{AM} \cdot u_{BM}$$

avec $\quad u_{AM} = u_C + u \quad$ et $u_{BM} = E_0$

d'où $\quad u_{SM} = k(u_C + u) \cdot E_0$.

2) Équation différentielle vérifiée par la tension u_C aux bornes du condensateur

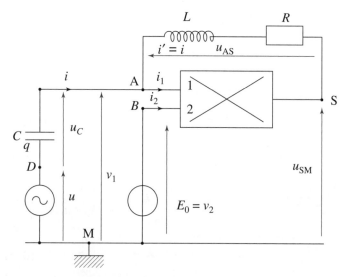

- Appliquons la loi des nœuds en A

$i = i' + i_1$

Comme $\quad i_1 = 0$ (propriété du multiplieur)

on a $\quad i' = i$.

- Déterminons la tension entre les points A et S

on a $\quad u_{AS} = u_{AM} - u_{SM} \qquad$ (1)

avec $\quad u_{AS} = Ri + L\dfrac{di}{dt} \qquad$ (2)

$\quad u_{AM} = u_C + u \qquad$ (3)

et $\quad u_{SM} = k(u_C + u) \cdot E_0 \qquad$ (4)

De plus on a, au niveau du condensateur

$$q = -Cu_C$$

(avec la convention choisie pour u_C, q est de signe opposé à u_C).

Comme $i = \dfrac{dq}{dt}$, il en résulte

$$i = -C\frac{du_C}{dt}.$$

La relation (2) devient :

$$u_{AS} = -RC\frac{du_C}{dt} - LC\frac{d^2u_C}{dt^2} \quad (5)$$

L'égalité (1) devient, en utilisant les relations (2), (3), (4) et (5) :

$$-RC\frac{du_C}{dt} \quad LC\frac{d^2u_C}{dt^2} = u_C + u - k(u_C + u)E_0$$

soit

$$LC\frac{d^2u_C}{dt^2} + RC\frac{du_C}{dt} + u_C(1 - kE_0) = (kE_0 - 1)u$$

ou encore

$$\frac{d^2u_C}{dt^2} + \frac{R}{L}\frac{du_C}{dt} + \left(\frac{1 - kE_0}{LC}\right)u_C = \left(\frac{kE_0 - 1}{LC}\right)u.$$

Cela correspond à l'équation différentielle cherchée.

$$\frac{d^2u_C}{dt^2} + 2\lambda\frac{du_C}{dt} + \omega_0^2 u_C = -\omega_0^2 u \quad (6)$$

avec $\boldsymbol{\lambda = \dfrac{R}{2L}}$ et $\omega_0^2 = \dfrac{1 - kE_0}{LC}$ soit : $\boldsymbol{\omega_0 = \sqrt{\dfrac{1 - kE_0}{LC}}}.$

• **Condition sur le produit kE**

Comme $\omega_0^2 \geqslant 0$ cela implique

$$\boldsymbol{kE_0 \leqslant 1.}$$

3) **Valeur maximale U_C de u_C en fonction de U, valeur maximale de u, λ, ω et ω_0**

Utilisons la notation complexe :

$$\underline{u} = Ue^{j\omega t} \quad \underline{u}_C = \underline{U}_C e^{j\omega t} \quad \text{avec} \quad \underline{U}_C = U_C e^{j\varphi}$$

Les deux fonctions u et u_C sont des fonctions sinusoïdales de même pulsation ω (on est dans un régime d'oscillations forcées) le déphasage de u_C par rapport à u étant φ.

(Cela est équivalent à écrire $u = U\sin\omega t$ et $u_C = U_C\sin(\omega t + \varphi)$).

Remarque
Une grandeur complexe est notée avec un trait en dessous.

Avec cette notation l'égalité (6) devient sachant que :

$$\frac{du_C}{dt} = j\omega \underline{U_C} e^{j\omega t}$$

et $\quad \dfrac{d^2 u_C}{dt^2} = -\omega^2 \underline{U_C} e^{j\omega t} \quad (j^2 = -1)$

$$-\omega^2 \underline{U_C} e^{j\omega t} + 2j\lambda\omega \underline{U_C} e^{j\omega t} + \omega_0^2 \underline{U_C} e^{j\omega t} = -\omega_0^2 U e^{j\omega t}$$

soit en simplifiant par $e^{j\omega t}$

$$\underline{U_C}[(\omega_0^2 - \omega^2) + 2j\lambda\omega] = -\omega_0^2 U$$

soit : $\quad \underline{U_C} = \dfrac{-\omega_0^2 U}{[(\omega_0^2 - \omega^2) + 2j\lambda\omega]}.$

Sachant que $U_C^2 = \underline{U_C}\,\overline{\underline{U_C}}$

$\overline{\underline{U_C}}$ étant la quantité conjuguée de $\underline{U_C}$:

on a :

$$U_C^2 = \left[\frac{-\omega_0^2 U}{(\omega_0^2 - \omega^2) + 2j\lambda\omega}\right] \cdot \left[\frac{-\omega_0^2 U}{(\omega_0^2 - \omega^2) - 2j\lambda\omega}\right]$$

$$U_C^2 = \frac{\omega_0^4 U^2}{(\omega_0^2 - \omega^2)^2 + 4\lambda^2\omega^2}$$

d'où : $\qquad\qquad \boldsymbol{U_C = \dfrac{\omega_0^2 U}{\sqrt{(\omega_0^2 - \omega^2)^2 + 4\lambda^2\omega^2}}.} \qquad\qquad (7)$

> **Remarque**
>
> Si au lieu d'employer la notation complexe on avait utilisé la notation habituelle en remplaçant dans l'équation différentielle (6) u par $u = U\sin\omega t$ et u_C par $U_C\sin(\omega t + \varphi)$, la résolution aurait été nettement beaucoup plus longue avec un risque d'erreur (de signe notamment) plus élevé !

4) Fréquence de résonance N_R

a) *Expression littérale*

U_C est maximum quand le dénominateur de l'expression donnant U_C est minimum

Appelons D ce dénominateur

$$D = \sqrt{(\omega_0^2 - \omega^2)^2 + 4\lambda^2\omega^2}$$

on a $\quad D^2 = (\omega_0^2 - \omega^2)^2 + 4\lambda^2\omega^2.$

Comme D est positif, D est minimal quand D^2 est minimal.

De plus comme la pulsation ω est positive, si D est minimal pour $\omega = \omega_R$, on aura

D^2 minimal pour $\omega = \omega_R$, donc $\omega^2 = \omega_R^2$.

Recherchons la dérivée de D^2 par rapport à ω^2

$$\frac{dD^2}{d\omega^2} = -2(\omega_0^2 - \omega^2) + 4\lambda^2.$$

On a $\quad \dfrac{dD^2}{d\omega^2} = 0$ (condition pour avoir D^2 minimal)

si $\qquad 2(\omega_0^2 - \omega^2) = 4\lambda^2$

soit $\quad \omega_0^2 - \omega^2 = 2\lambda^2$

d'où $\quad \omega^2 = \omega_R^2 = \omega_0^2 - 2\lambda^2 \quad$ (8)

On a donc : $\omega_R = \sqrt{\omega_0^2 - 2\lambda^2}$.

Comme $\qquad \omega_R = 2\pi N_R$

$$N_R = \frac{\sqrt{\omega_0^2 - 2\lambda^2}}{2\pi}. \tag{9}$$

b) *Comparaison de N_R et N_0*

$\omega_R^2 < \omega_0^2 \quad$ (d'après l'égalité (8)).

Comme $\quad \omega_R = 2\pi N_R$ et $\omega_0 = 2\pi N_0$

on a donc $\quad \boldsymbol{N_R < N_0}.$

La fréquence de résonance en tension est inférieure à la fréquence propre du circuit.

c) *Valeur numérique de N_R*

À la question 2) on a établi :

$$\lambda = \frac{R}{2L} \quad \text{et} \quad \omega_0^2 = \frac{1 - kE_0}{LC}$$

on a, avec $R = 310\ \Omega \quad L = 0,50\ \text{H} \quad C = 47 \cdot 10^{-9}\ \text{F}$ et $E_0 = 0\ \text{V}$:

$\lambda = 310\ \text{s}^{-1} \quad \omega_0^2 = 4,26 \cdot 10^{+7}\ \text{rad}^2/\text{s}^{-2}.$

On en déduit $\boldsymbol{N_R = 1\ 036\ \text{Hz}}.$

Remarque

La valeur numérique de N_0 vaut dans le cas étudié 1 038 Hz, soit une valeur légèrement supérieure.

5) **Valeur de U_C à la résonance en fonction de U, ω_0 et λ**

a) *Valeur littérale en fonction de U, ω_0 et λ*

En utilisant les égalités (7) et (8) on a :
U_{CR} : Valeur de U_C à la résonance.

$$U_{CR} = \frac{\omega_0^2 U}{\sqrt{[\omega_0^2 - (\omega_0^2 - 2\lambda^2)]^2 + 4\lambda^2(\omega_0^2 - 2\lambda^2)}}$$

soit
$$U_{CR} = \frac{\omega_0^2 U}{\sqrt{(\omega_0^2 - \omega_0^2 + 2\lambda^2)^2 + 4\lambda^2 \omega_0^2 - 8\lambda^4}}$$

$$U_{CR} = \frac{\omega_0^2 U}{\sqrt{4\lambda^2 \omega_0^2 - 4\lambda^4}}$$

soit
$$U_{CR} = \frac{\omega_0^2 U}{2\lambda \sqrt{\omega_0^2 - \lambda^2}}. \quad (10)$$

b) Application numérique :

avec $\lambda = 310 \text{ s}^{-1}$ $\quad \omega_0^2 = 4{,}27 \cdot 10^7 \text{rad}^2/\text{s}^2$ et $\quad U = 1{,}0 \text{ V}$

$$U_{CR} = 10{,}5 \text{ V.}$$

6) Bande passante en fréquence de cet oscillateur

a) Soit ω_1 et ω_2 les pulsations externes de cette bande passante,

si $\omega = \omega_1$ ou ω_2 on a $U_C = \dfrac{U_{CR}}{\sqrt{2}}$.

En effet pour une bande passante dite « à 3 dB » l'amplitude de la tension est telle que l'on ait

$$U_C \geq \frac{U_{CR}}{\sqrt{2}}.$$

U_{CR} étant la valeur maximale de l'amplitude de la tension obtenue à la résonance.

On a donc pour les valeurs extrêmes de la pulsation :

$$U_C^2 = \frac{U_{CR}^2}{2}$$

d'où, d'après les égalités (7) et (10) :

$$\frac{\omega_0^4 U^2}{(\omega_0^2 - \omega^2) + 4\lambda^2 \omega^2} = \frac{\omega_0^4 U^2}{8\lambda^2 (\omega_0^2 - \lambda^2)}$$

d'où $\omega_0^4 - 2\omega_0^2 \omega^2 + \omega^4 + 4\lambda^2 \omega^2 = 8\lambda^2 \omega_0^2 - 8\lambda^4$

soit, en ordonnant :

$$\omega^4 + 2(2\lambda^2 - \omega_0^2)\omega^2 + \omega_0^4 + 8\lambda^4 - 8\lambda^2 \omega_0^2 = 0$$

soit : $a\omega^4 + 2b'\omega^2 + c = 0$

avec $a = 1$, $b' = 2\lambda^2 - \omega_0^2$ et $c = \omega_0^4 + 8\lambda^4 - 8\lambda^2 \omega_0^2$.

Le discriminant réduit $\Delta' = b'^2 - ac$ vaut :

$$\Delta' = (2\lambda^2 - \omega_0^2)^2 - \omega_0^4 - 8\lambda^4 + 8\lambda^2 \omega_0^2$$

$$\Delta' = 4\lambda^4 - 4\lambda^2 \omega_0^2 + \omega_0^4 - \omega_0^4 - 8\lambda^4 + 8\lambda^2 \omega_0^2$$

soit $\Delta' = 4\lambda^2 \omega_0^2 - 4\lambda^4 = 4\lambda^2(\omega_0^2 - \lambda^2)$.

Les racines de cette équation sont :

$$\omega_2^2 = \frac{-b' + \sqrt{\Delta'}}{a} \quad \text{et} \quad \omega_1^2 = \frac{-b' - \sqrt{\Delta}}{a}$$

soit $\quad \omega_2^2 = \omega_0^2 - 2\lambda^2 + 2\lambda\sqrt{\omega_0^2 - \lambda^2}$

et $\quad \omega_1^2 = \omega_0^2 - 2\lambda^2 - 2\lambda\sqrt{\omega_0^2 - \lambda^2}$.

Soit, en utilisant la relation (8) :

$$\omega_2^2 = \omega_R^2 + 2\lambda\sqrt{\omega_0^2 - \lambda^2} \quad \text{et} \quad \omega_1^2 = \omega_R^2 - 2\lambda\sqrt{\omega_0^2 - \lambda^2}$$

ou encore en utilisant les fréquences

$$N_2 = \frac{\omega_2}{2\pi} = \frac{\sqrt{\omega_R^2 + 2\lambda\sqrt{\omega_0^2 - \lambda^2}}}{2\pi}$$

$$N_1 = \frac{\omega_1}{2\pi} = \frac{\sqrt{\omega_R^2 - 2\lambda\sqrt{\omega_0^2 - \lambda^2}}}{2\pi}.$$

Application numérique :

$N_2 = 1\,084$ Hz $\quad N_1 = 985$ Hz.

D'où la largeur de cette bande passante :

$$\Delta N = N_2 - N_1 = 99 \text{ Hz.}$$

b) *Facteur de qualité Q de cet oscillateur*

Par définition $Q = \dfrac{N_R}{\Delta N}$.

Soit avec les résultats trouvés au **5)** et au **6)**

$$Q = \frac{1\,036}{99} \approx 10,5.$$

Cet oscillateur a une résonance aigüe.

7) Allure de la courbe $U_C = f(N)$

Points remarquables

$$N \to 0 \Rightarrow \omega \to 0 \quad U_C = \frac{\omega_0^2 U}{\omega_0^2} = U$$

$$N \to \infty \Rightarrow \omega \to \infty \quad U_C = 0$$

$$N = N_1 \text{ ou } N_2 \Rightarrow U_C = \frac{U_{CR}}{\sqrt{2}}$$

$$N = N_R \Rightarrow U_C = U_{CR}.$$

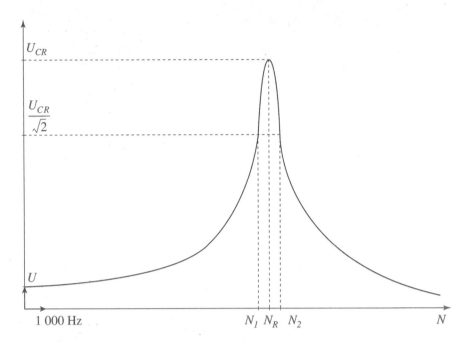

8) Détermination du facteur multiplicatif k du multiplieur

a) *Valeur de k*

De l'expression de la fréquence de résonance en tension N_R (relation (9)) on a :
$$4\pi^2 N_R^2 = \omega_0^2 - 2\lambda^2.$$

Or d'après l'expression de ω_0^2 trouvée au **2)** : $\omega_0^2 = \dfrac{1 - kE_0}{LC}$,

l'égalité précédente devient : $4\pi^2 N_R^2 = \dfrac{1 - kE_0}{LC} - 2\lambda^2$

soit $\quad 1 - kE_0 = LC(4\pi^2 N_R^2 + 2\lambda^2)$

d'où $\quad kE_0 = 1 - LC(4\pi^2 N_R^2 + 2\lambda^2)$

d'où, sachant que $\lambda = \dfrac{R}{2L}$

$$k = \frac{1 - LC\left(4\pi^2 N_R^2 + \dfrac{R^2}{4L^2}\right)}{E_0}.$$

Application numérique :

Sachant que $E_0 = 4{,}0$ V si $N_R = 804$ Hz, on a avec $R = 310\ \Omega$; $L = 0{,}50$ H et $C = 47 \cdot 10^{-9}$ F

$$k = 0{,}10\ \text{V}^{-1}.$$

b) *Valeur maximale de E_0*

Au **2)** on a la condition pour le produit kE_0 : $kE_0 \leqslant 1$
si $k = 0{,}10$ V^{-1}, il faut : $\boldsymbol{E_0 \leqslant 10\ \text{V}.}$

27. OSCILLATEUR ÉLECTRIQUE À « RÉSONANCE NÉGATIVE »

1) Expression de la tension u_{AM}

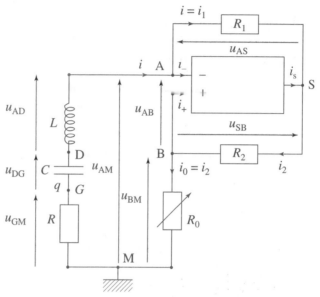

D'après le schéma et avec les notations ci-dessus on a :

$$u_{AM} = u_{AS} + u_{SB} + u_{BM} \qquad (1)$$
$$u_{AS} = R_1 i_1 \qquad (2)$$
$$u_{SB} = R_2 i_2 \qquad (3)$$
$$u_{BM} = R_0 i_0. \qquad (4)$$

• D'après la loi des nœuds en A on a :

$$i = i_- + i_1.$$

Comme $i_- = 0$ (propriété de l'A.O.)

on a : $i_1 = i$ (5)

• D'après la loi des nœuds en B on a :

$$i_2 = i_+ + i_0.$$

Comme $i_+ = 0$ (propriété de l'A.O.)

on a $i_D = i_2$ (6)

L'égalité (1) devient :

$$u_{AM} = R_1 i + (R_2 + R_0)i_0 \qquad (7)$$

On a aussi la relation en tensions :

$$u_{AM} = u_{AB} + u_{BM}.$$

Comme $u_{AB} = 0$ (propriété de l'A.O. en régime linéaire),

on a $\quad u_{AM} = u_{BM} = R_0 i_0$

d'où $\quad i_0 = \dfrac{u_{AM}}{R_0}.$

L'égalité (7) peut s'écrire alors :

$$u_{AM} = R_1 i + (R_2 + R_0)\frac{u_{AM}}{R_0}$$

d'où $\qquad u_{AM} = R_1 i + \dfrac{R_2}{R_0} u_{AM} + u_{AM}$

soit $\qquad u_{AM} = -\dfrac{R_0 R_1}{R_2} i. \quad$ (8)

2) Expression de x avec $u_{AM} = -xi$

De l'égalité (8) on en déduit :

$$x = \frac{R_0 R_1}{R_2}.$$

3) Oscillations électriques sinusoïdales

a) *Valeur de R_0 pour obtenir un oscillateur harmonique (oscillations sinusoïdales)*

En utilisant les notations du schéma précédent on a :

$u_{AM} = u_{AD} + u_{DG} + u_{GM}$:

$$u_{AD} = -L\frac{di}{dt}$$

(Les signes – provenant du fait que i a

$$u_{DG} = -\frac{q}{C}$$

même « sens » que les tensions)

$$u_{AD} = -Ri$$

d'où : $\quad u_{GM} = -L\dfrac{di}{dt} - \dfrac{q}{C} - Ri \quad$ (10)

En comparant les égalités (8) et (10) on a :

$$-L\frac{di}{dt} - \frac{q}{C} - Ri = -\frac{R_0 R_1}{R_2}i$$

soit $L\dfrac{di}{dt} + \dfrac{q}{C} = \left(\dfrac{R_0 R_1}{R_2} - R\right)i. \quad$ (11)

Comme $i = \dfrac{dq}{dt}$, on a, en dérivant l'égalité précédente :

$$L\frac{d^2 i}{dt^2} + \frac{i}{C} = \left(\frac{R_0 R_1}{R_2} - R\right)\frac{di}{dt}.$$

On a des oscillations sinusoïdales si on a la relation : $L\dfrac{d^2 i}{dt^2} + \dfrac{i}{C} = 0.$

(Équation différentielle du 2e ordre, sans terme du 1er ordre, égale à 0.)

Cela implique : $\dfrac{R_0 R_1}{R_2} - R = 0$

d'où : $\boldsymbol{R_0 = \dfrac{R \cdot R_2}{R_1}}.$

Application numérique :

$$R_0 = 240 \ \Omega.$$

b) *Fréquence N_0 des oscillations sinusoïdales*

Si $\qquad L\dfrac{d^2i}{dt^2} + \dfrac{i}{C} = 0$

la pulsation des oscillations électriques est :

$$\omega_0 = \frac{1}{\sqrt{LC}}$$

d'où $\qquad N_0 = \dfrac{\omega_0}{2\pi} = \dfrac{1}{2\pi\sqrt{LC}}.$

Application numérique :

$$N_0 = 1 \ 418 \ \text{Hz}.$$

4) Rôle du dipôle AM

a) *Le dipôle AM est équivalent à un générateur*

La puissance électrique échangée par le dipôle AM vaut :

$\mathscr{P} = u_{AM} \cdot i.$

Comme $u_{AM} = -xi$

cette puissance $\mathscr{P} = -xi^2$

x étant $> 0 \qquad \mathscr{P}$ est $< 0.$

Le dipôle AM perd de l'énergie électrique : il se comporte comme un générateur : il fournit de l'énergie électrique au circuit oscillant R, L, C.

b) *D'où provient l'énergie électrique fournie par le dipôle AM ?*

Cette énergie électrique est fournie par l'alimentation stabilisée (en général + 15 V, 0, – 15 V) de l'A.O.

> **Remarque**
>
> Par convention on ne représente pas sur le schéma électrique cette alimentation stabilisée et les fils associés.

c) *Expression « résistance négative »*

La puissance électrique dissipée par une résistance est donnée par la relation :

$$\mathscr{P} = Ri^2.$$

Or ici on a $\mathscr{P} = -xi^2$.

Le dipôle AM se conduit donc comme une résistance négative de valeur

$$-x = -R_0 = -\frac{RR_2}{R_1}.$$

Comme cette résistance est négative, au lieu de consommer de l'énergie électrique pour la transformation en chaleur par effet Joule, le dipôle AM fournit de l'énergie électrique au circuit oscillant.

28. INTERFÉRENCES LUMINEUSES : TROUS D'YOUNG

1) Sources cohérentes

Les sources S_1 et S_2 issues toutes les deux de la même source ponctuelle S sont cohérentes. En effet le déphasage entre elles est toujours constant.

2) Différence de marche, ordre d'interférence, intensité lumineuse et interfrange

a) *Cas où S est sur l'axe* Oz

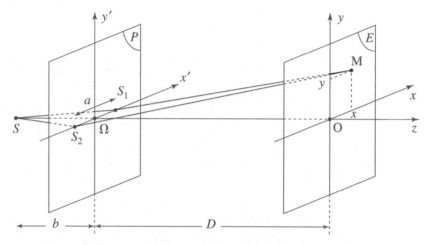

Les coordonnées de S, S_1, S_2 et M sont respectivement :

$$S \begin{cases} 0 \\ 0 \\ -(b+D) \end{cases} \quad S_1 \begin{cases} \dfrac{a}{2} \\ 0 \\ -D \end{cases} \quad S_2 \begin{cases} -\dfrac{a}{2} \\ 0 \\ -D \end{cases} \quad M \begin{cases} x \\ y \\ 0 \end{cases}$$

- **Différence de marche δ**

$\delta = [SS_2M] - [SS_1M] = [SS_2] + [S_2M] - [SS_1] - [S_1M]$

S étant sur la médiatrice du segment S_1S_2 (S_1 et S_2 symétriques par rapport à Ω) on a :

$[SS_1] = [SS_2]$ (1)

d'où : $\delta = [S_2M] - [S_1M] = S_2M - S_1M$ (2)

l'indice de l'air étant 1.

$$S_2M = \sqrt{\left(x + \frac{a}{2}\right)^2 + y^2 + D^2} = D\left[1 + \frac{y^2 + \left(x + \dfrac{a}{2}\right)^2}{D^2}\right]^{1/2}$$

$$S_1M = \sqrt{\left(x - \frac{a}{2}\right)^2 + y^2 + D^2} = D\left[1 + \frac{y^2 + \left(x - \frac{a}{2}\right)^2}{D^2}\right]^{1/2}.$$

Comme $D \gg a$, x et y (*cf.*données numériques) et sachant que :
$(1 + \varepsilon)^n = 1 + n\varepsilon$ si $\varepsilon \ll 1$

on a $S_2M \approx D\left[1 + \dfrac{y^2 + \left(x + \frac{a}{2}\right)^2}{2D^2}\right]$

et $S_1M \approx D\left[1 + \dfrac{y^2 + \left(x - \frac{a}{2}\right)^2}{2D^2}\right]$

d'où $\delta = S_2M - S_1M = \dfrac{\left(x + \frac{a}{2}\right)^2 - \left(x - \frac{a}{2}\right)^2}{2D} = \dfrac{2xa}{2D}$

soit $\delta = \dfrac{ax}{D}.$

• **Ordre d'interférence en M**

$$p = \frac{\delta}{\lambda} = \frac{ax}{\lambda D}.$$

• **Intensité lumineuse *I***

L'élongation de la radiation lumineuse issue de S_1 en M vaut :
$s_1(M, t) = s(S, t - \theta_1)$
c'est la même élongation qu'en S avec un retard

$\theta_1 = \dfrac{[SS_1M]}{c} = \dfrac{[SS_1] + [S_1M]}{c}.$

De même l'élongation de la radiation lumineuse issue de S_2 en M vaut :
$s_2(M, t) = s(S, t - \theta_2)$

avec $\theta_2 = \dfrac{[SS_2M]}{c} = \dfrac{[SS_2] + [S_2M]}{c}.$

En assimilant la lumière à une onde sinusoïdale on a :
$s_1(M, t) = A\cos\omega(t - \theta_1)$ et $s_2(M, t) = A\cos\omega(t - \theta_2).$
En utilisant le principe de superposition on a :
$s(M, t) = s_1(M, t) + s_2(M, t)$
soit : $s(M, t) = A\cos\omega(t - \theta_1) + A\cos\omega(t - \theta_2)$

d'où : $s(M, t) = 2A\cos\omega\left(\dfrac{\theta_2 - \theta_1}{2}\right)\cos\left(\dfrac{2t - (\theta_1 + \theta_2)}{2}\right).$

L'amplitude de l'onde lumineuse résultante en M vaut donc :

$\mathcal{A} = 2A\cos\omega\left(\dfrac{\theta_2 - \theta_1}{2}\right)$

sachant que $\omega = \dfrac{2\pi}{T}$, T période temporelle de l'onde lumineuse.

$$\mathcal{A} = 2A\cos\frac{2\pi}{T}\left(\frac{[SS_2] + [S_2M] - [SS_1] - [S_1M]}{2c}\right).$$

D'où d'après les égalités (1) et (2)

$$\mathcal{A} = 2A\cos\frac{2\pi}{2T}\frac{\delta}{c}.$$

Sachant que $\lambda = cT$ et $\delta = \dfrac{ax}{D}$ on a :

$$\mathcal{A} = 2A\cos\frac{\pi ax}{\lambda D} = 2A\cos p\pi.$$

L'intensité lumineuse étant proportionnelle au carré de l'amplitude de l'onde lumineuse résultante, on a :

$$I = \mathcal{A}^2 = 4A^2\cos^2\frac{\pi ax}{\lambda D}$$

soit en appelant $I_0 = 4kA^2$ le maximum de l'intensité lumineuse :

$$I = I_0\cos^2\frac{\pi ax}{\lambda D} = I_0\cos^2 p\pi.$$

• **Interfrange i**

Les franges d'interférence sont les lieux de l'écran (E) où l'intensité lumineuse I est constante : elles correspondent à x = cte, ce sont donc des droites rectilignes et parallèles à l'axe Oy.

L'interfrange i est la distance Δx entre 2 franges d'interférences de même nature consécutives (distance entre 2 franges brillantes consécutives par exemple).

On a I maximum pour $\cos^2\dfrac{\pi ax}{\lambda D} = 1$

soit : $\dfrac{\pi ax_k}{\lambda D} = k\pi$

d'où : $x_k = \dfrac{k\lambda D}{a}.$

La frange brillante consécutive a pour abscisse :

$$x_{k+1} = (k+1)\frac{\lambda D}{a}$$

d'où : $i = x_{k+1} - x_k$

soit : $i = \dfrac{l\,D}{a}.$

> **Remarque**
>
> L'interfrange i correspond à une variation d'une unité de l'ordre d'interférence :
>
> en effet $p = \dfrac{ax}{\lambda D}$ $\quad p + 1 = \dfrac{a(x+i)}{\lambda D}$
>
> d'où : $1 = \dfrac{ai}{\lambda D}$ soit $i = \dfrac{\lambda D}{a}.$

• **Applications numériques**

$\delta = \dfrac{ax}{D} = \dfrac{0,40 \cdot 10^{-3} \times 3,00 \cdot 10^{-2}}{2,00} = 6,00 \cdot 10^{-6}$ m

soit $\boldsymbol{\delta = 6,00\ \mu m.}$

$$p = \frac{\delta}{\lambda} = \frac{6,00}{0,589} \quad \text{soit} \quad \boldsymbol{p = 10,19.}$$

$$i = \frac{\lambda D}{a} = \frac{0,589 \cdot 10^{-6} \times 2,00}{0,40 \cdot 10^{-3}} = 2,945 \cdot 10^{-3} \text{ m}$$

soit i 6 **2,95 mm.**

b) *Cas où S est déplacé d'une distance x_s suivant un axe parallèle à Ox*

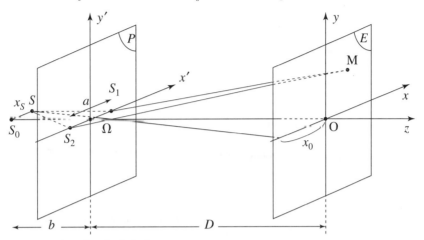

• Les coordonnées de S deviennent :

$$S \begin{cases} x_S \\ 0 \\ -(b+D) \end{cases}$$

• La différence de marche δ en M est :
$$\delta = [SS_2 M] - [SS_1 M] = [SS_2] + [S_1 M] - [SS_1] - [S_1 M]$$
soit $\delta = [SS_2] - [SS_1] + [S_2 M] - [S_1 M]$.
La valeur de $[S_2 M] - [S_1 M]$ est la même que celle obtenue au a) :

$$[S_2 M] - [S_1 M] = \frac{ax}{D}.$$

Par contre $[SS_2]$ n'est plus égal à $[SS_1]$. On a :

$$[SS_1] = \sqrt{\left(x_s - \frac{a}{2}\right)^2 + b^2} = b\left[1 + \frac{\left(x_s - \frac{a}{2}\right)^2}{b^2}\right]^{1/2}$$

$$[SS_2] = \sqrt{\left(x_s + \frac{a}{2}\right)^2 + b^2} = b\left[1 + \frac{\left(x_s + \frac{a}{2}\right)^2}{b^2}\right]^{1/2}.$$

En considérant que b est nettement supérieur à x_s et a on a ; sachant que
$(1 + \varepsilon)^n \approx 1 + n\varepsilon \quad$ si $\quad \varepsilon \ll 1$

$$[SS_1] \approx b\left[1 + \frac{\left(x_s - \frac{a}{2}\right)^2}{2b^2}\right] \quad \text{et} \quad [SS_2] \approx b\left[1 + \frac{\left(x_s + \frac{a}{2}\right)^2}{2b^2}\right]$$

d'où : $[SS_2] - [SS_1] = \dfrac{\left(x_s + \dfrac{a}{2}\right)^2 - \left(x_s - \dfrac{a}{2}\right)^2}{2b}$

soit : $[SS_2] - [SS_1] = \dfrac{ax_s}{b}$

d'où la différence de marche dans ce cas en M :

$\delta = \dfrac{ax_s}{b} + \dfrac{ax}{D}.$

• L'ordre d'interférence est dans ce cas en M :

$p = \dfrac{\delta}{\lambda} = \dfrac{ax_s}{\lambda b} + \dfrac{ax}{\lambda D}.$

• L'intensité lumineuse en M vaut :

$I = I_0 \cos^2\left(\dfrac{ax_s}{\lambda b} + \dfrac{ax}{\lambda D}\right)\pi.$

• Les franges d'interférences sont toujours rectilignes parallèles à Oy (I = constante implique x = constante).

L'interfrange est toujours $i = \dfrac{\lambda D}{a}$ (pour que l'ordre d'interférence varie de 1 unité il faut que x varie de $i = \dfrac{\lambda D}{a}$).

Application numérique :

• $\delta = \dfrac{0{,}40 \cdot 10^{-3} \times 5{,}0 \cdot 10^{-3}}{20{,}0 \cdot 10^{-2}} + 6{,}00 \cdot 10^{-6}$

soit : $d = 1{,}60 \cdot 10^{-5}$ **m = 16,0 μm.**

• $p = \dfrac{\delta}{\lambda} = \dfrac{16{,}0 \cdot 10^{-6}}{0{,}589 \cdot 10^{-6}} = 27{,}16.$

• i **ne varie pas = 2,95 mm.**

c) *Cas où S est déplacé d'une distance y_s suivant un axe parallèle à Oy*

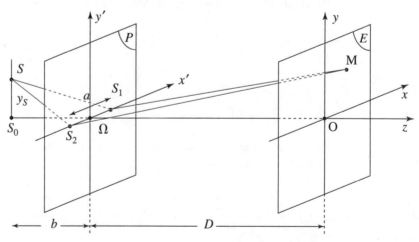

- Les coordonnées de S deviennent : $S \begin{cases} 0 \\ y_s \\ -(b+D) \end{cases}$

- La différence de marche δ en M est :

$\delta = [SS_2] - [SS_1] + [S_2M] - [S_1M]$

la valeur de $[S_2M] - [S_1M]$ est la même que celle obtenue au **a**), soit $\dfrac{ax}{D}$.

De plus les triangles $SS_2\Omega$ et $SS_1\Omega$ étant égaux, on a donc : $[SS_1] = [SS_2]$

d'où $\delta = \dfrac{ax}{D}$

comme au **a**), on a donc :

$$p = \frac{ax}{\lambda D}, \quad I = I_0 \cos^2 \frac{\pi ax}{\lambda D} \quad \text{et} \quad i = \frac{\lambda D}{a}.$$

(Mêmes valeurs numériques qu'au **a**).)

d) *Cas où S est déplacé d'une distance z_s suivant l'axe Oz*

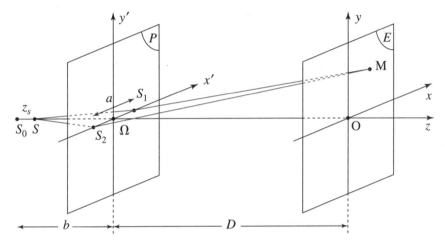

Les coordonnées de S deviennent : $S \begin{cases} 0 \\ 0 \\ z_s - (b+D) \end{cases}$

la différence de marche δ de M est :

$\delta = [SS_2] - [SS_1] + [S_2M] - [S_1M]$.

Or $[SS_2] = [SS_1]$ car S est toujours sur la médiatrice de S_1S_2.

On a donc : $\quad \delta = [S_2M] - [S_1M] = \dfrac{ax}{D}$.

On se retrouve dans le même cas qu'au **a**). On aura donc de même :

$$p = \frac{ax}{\lambda D} \quad I = I_0 \cos^2 \frac{\pi ax}{D} \quad \text{et} \quad i = \frac{\lambda D}{a}.$$

(Même valeur numérique qu'au **a**).)

3) Déplacement du système de franges

Il n'y a que dans le cas **b)** : c'est-à-dire quand on déplace la source S d'une distance x_s suivant un axe parallèle à Ox, qu'il y a déplacement du système de franges.

En effet si les franges restent toujours parallèles à Oy, l'intensité lumineuse est constante pour x = constante car on a :

$$I = I_0 \cos^2 \pi \left(\frac{a \cdot x_s}{\lambda \cdot b} + \frac{a \cdot x}{\lambda \cdot D} \right)$$

la frange centrale brillante : celle qui correspond à $\delta = 0$ (c'est-à-dire à un ordre d'interférence nul : $p = 0$) se déplace.

Soit x_0 l'abscisse de la frange centrale brillante.

On a : $0 = \dfrac{ax_s}{b} + \dfrac{ax_0}{D}$

d'où : $x_0 = \dfrac{-D \cdot x_s}{b}$.

Application numérique :

$$x_0 = \frac{-2,00 \times 5,0 \cdot 10^{-3}}{20 \cdot 10^{-3}} = -50 \cdot 10^{-3} \text{ m}$$

soit : $x_0 = -50$ **mm**.

(Voir figure de la question 2)b)).

4) Allongement des chemins optiques par des lames de verre à faces parallèles

a) *Lame de verre à faces parallèles devant S_1*

Les rayons lumineux étant très faiblement inclinés par rapport à Oz, on peut considérer que la lame de verre à faces parallèles est traversée suivant une épaisseur e. On a, vu de dessus :

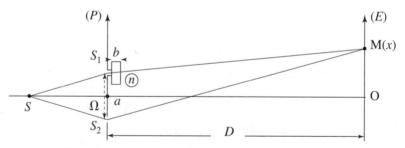

Le chemin optique $[S_1 M]$ est donc rallongé de $ne - e = (n-1)e$.

La différence de marche δ devient :

$\delta = [S_2 M] - [S_1 M] = S_2 M - (S_1 M + (n-1)e)$

soit : $\delta = \dfrac{ax}{D} - (n-1)e$.

La frange centrale brillante correspond à $\delta = 0$ soit x_1 son abscisse :

$\dfrac{ax_1}{D} - (n-1)e = 0$

d'où $x_1 = \dfrac{(n-1)eD}{a}$.

$x_1 > 0$: le système de franges est déplacé du côté du trou devant lequel la lame à faces parallèles a été placée.

b) *Lames de verres à faces parallèles devant S_1 et S_2*

On a, vu de dessus

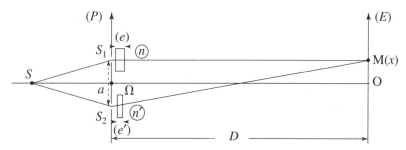

On peut considérer à nouveau les rayons lumineux comme très faiblement inclinés par rapport à Oz, donc on peut considérer que les lames de verres à faces parallèles sont traversées suivant toute leur épaisseur.

La différence de marche δ vaut, en un point M d'abscisse x :

$$\delta = [S_2M] - [S_1M] = S_2M + (n'-1)e' - (S_1M + (n-1)e)$$

soit : $\delta = \dfrac{ax}{D} + (n'-1)e' - (n-1)e.$

La frange centrale brillante est en O si $\delta = 0$ pour $x = 0$ d'où :

$$0 = (n'-1)e' - (n-1)e$$

soit : $e' = \dfrac{(n-1)e}{n'-1}.$

Application numérique :

$$e' = \frac{(1,52-1) \times 0,350}{(1,67-1)}$$

soit $e' = \textbf{0,272 mm} = 272 \ \mu\textbf{m}.$

5) Cas où l'écran (E) tourne d'un angle α par rapport à l'axe Oy

a) Vu de dessus on a :

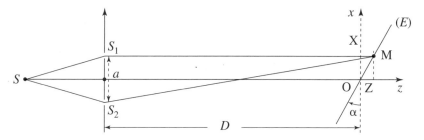

Dans le repère orthonormé (Ox, Oz) les nouvelles coordonnées de M deviennent $Z = x\sin\alpha$ et $X = x\cos\alpha$ x étant la distance de Oy à M sur l'écran.

La différence de marche δ devient :

$$\delta = \frac{aX}{D+Z} = \frac{ax\cos\alpha}{D+x\sin\alpha}.$$

Comme x est très petit par rapport à D on a :

$$\delta = \frac{ax\cos\alpha}{D}.$$

L'ordre d'interférence devient :

$$p = \frac{ax\cos\alpha}{\lambda D}.$$

L'intensité lumineuse devient :

$$I = I_0 \cos^2\left(\frac{\pi ax\cos\alpha}{\lambda D}\right)$$

et l'interfrange i devient, sachant que $i = Ax$ qui correspond à une variation de 1 de l'ordre d'interférence :

$$1 = \frac{ai\cos\alpha}{\lambda D}$$

soit : $\quad i = \dfrac{\lambda D}{a\cos\alpha}.$

On constate que l'on a toujours un système de franges rectilignes parallèles à Oy (I = constante pour x = constante).

Par contre l'interfrange i augmente :

$$\frac{\lambda D}{a\cos\alpha} > \frac{\lambda D}{a} \quad \text{car si } \alpha \neq 0 \text{ on a } \cos\alpha < 1.$$

b) Si on veut que l'interfrange double de valeur il faut :

$$\frac{\lambda D}{a\cos\alpha} = 2\frac{\lambda D}{a}$$

soit : $\quad \dfrac{1}{\cos\alpha} = 2 \quad$ d'où $\quad \cos\alpha = \dfrac{1}{2}$

soit : $\quad \alpha = 60°.$

29. ANNEAUX D'INTERFÉRENCES

1) Détermination de la différence de marche δ

a) *Expression de δ en fonction de d_1 et d_2*

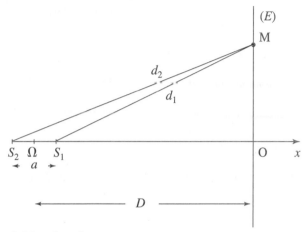

$$\delta = S_2M - S_1M = d_2 - d_1.$$

b) *Relation entre δ et λ en fonction du type d'interférences*

α) Interférence constructive en M

$\delta = n\lambda$ avec n entier.

β) Interférence destructive en M

$$\delta = \left(n + \frac{1}{2}\right)\lambda \quad \text{avec } n \text{ entier.}$$

c) *Forme des franges d'interférences*

La figure présente une symétrie de révolution autour de l'axe ΩO (axe Ωx) : les franges d'interférences sont donc des cercles concentriques de centre O.

2) Différence de marche et ordre d'interférence en O

a) *Différence de marche en O*

$$\delta_0 = S_2O - S_1O = \left(D + \frac{a}{2}\right) - \left(D - \frac{a}{2}\right)$$

soit : $\quad \delta_0 = a$. $\quad$ (1)

b) *Ordre d'interférence en O*

$$p_0 = \frac{\delta_0}{\lambda} = \frac{a}{\lambda}. \quad (2)$$

On a une interférence constructive en O : O point brillant si $\delta_0 = n\lambda$ avec n entier d'où : $p_0 = \dfrac{n\lambda}{\lambda} = n$.

Si on a une interférence constructive en O, p_0 est égal à un nombre entier.

3) Étude des anneaux d'interférences constructives

a) *Différence de marche S_1 pour le 1er anneau d'interférence constructive*

La différence de marche est maximale en O : $\delta_0 = a$ elle diminue si M s'éloigne de O (elle tend vers 0, si M s'éloigne très loin de 0).

δ_1 est différent d'une longueur d'onde de δ_0. Comme $\delta_1 < \delta_0$ on a :

$$\delta_0 - \delta_1 = \lambda$$

soit : $\quad \delta_1 = \delta_0 - \lambda$.

b) *Différence de marche δ_k pour le $k^{ième}$ anneau d'interférences constructives*

Par le même raisonnement que précédemment on a :

$$\delta_0 - \delta_k = k\lambda$$

soit : $\quad \boldsymbol{\delta_k = \delta_0 - k\lambda}.$ (3)

c) *Expression de la différence de marche δ_k en fonction de a et θ_k*

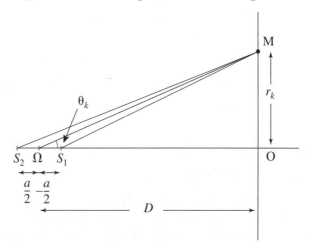

$\delta_k = S_2M - S_1M$

$S_2M^2 = S_2\Omega^2 + \Omega M^2 - 2S_2\Omega \cdot \Omega M\cos(\pi - \theta_k)$

$S_2M^2 = \dfrac{a^2}{4} + d^2 + 2 \cdot \dfrac{a}{2}d\cos\theta_k$.

Soit : $\quad S_2M^2 = d^2\left(1 + \dfrac{a^2}{4d^2} + \dfrac{a}{d}\cos\theta_k\right)$

d'où : $\quad S_2M = d\left(1 + \dfrac{a}{d}\cos\theta_k + \dfrac{a^2}{4d^2}\right)^{1/2}$.

On a de même :

$S_1M^2 = S_1\Omega^2 + \Omega M^2 - 2S_1\Omega \cdot \Omega M\cos\theta_k$

$$S_1M^2 = \frac{a^2}{4} + d^2 - 2\frac{a}{2} \cdot d\cos\theta_k$$

soit : $S_1M^2 = d^2\left(1 - \frac{a}{d}\cos\theta_k + \frac{a^2}{4d^2}\right)$

d'où : $S_1M = d\left(1 - \frac{a}{d}\cos\theta_k + \frac{a^2}{4d^2}\right)^{1/2}$.

Comme D est très grand par rapport à a, on a $d \geqslant D$ très grand par rapport à a, donc $\frac{a}{d}$ et $\frac{a^2}{d^2}$ sont très petits par rapport à 1.

Sachant que $(1 + \varepsilon)^n = 1 + n\varepsilon + \frac{n(n-1)}{2}\varepsilon^2$

on a, en x limitant aux termes des 1er et 2e ordres

$$S_2M = d\left(1 + \frac{a}{2d}\cos\theta_k + \frac{a^2}{8d^2} + \frac{1}{2}\times\left(-\frac{1}{2}\right)\times\frac{1}{2}\frac{a^2}{d^2}\cos^2\theta_k + \cdots\right)$$

soit : $S_2M = d\left[1 + \frac{a}{2d}\cos\theta_k + \frac{a^2}{8d^2}(1 - \cos^2\theta_k)\right]$.

De même

$$S_1M = d\left(1 - \frac{a}{2d}\cos\theta_k + \frac{a^2}{8d^2} + \frac{1}{2}\times\left(-\frac{1}{2}\right)\times\frac{1}{2}\frac{a^2}{d^2}\cos^2\theta_k + \cdots\right)$$

soit : $S_1M = d\left[1 - \frac{a}{2d}\cos\theta_k + \frac{a^2}{8d^2}(1 - \cos^2\theta_k)\right]$

d'où : $\delta_k = S_2M - S_1M = d\left(\frac{a}{2d}\cos\theta_k + \frac{a}{2d}\cos\theta_k\right)$, au 3e ordre près,

soit : $\delta_k = a\cos\theta_k$.

d) α) Expression de l'angle θ_k en fonction de a et δ_k

L'angle θ_k étant petit, on a :

$$\cos\theta_k \approx 1 - \frac{\theta_k^2}{2} \quad \text{avec } \theta_k \text{ en radian.}$$

L'expression de δ_k s'écrit alors :

$$\delta_k = a\left(1 - \frac{\theta_k^2}{2}\right)$$

d'où : $1 - \frac{\theta_k^2}{2} = \frac{\delta_k}{a}$

soit : $\frac{\theta_k^2}{2} = 1 - \frac{\delta_k}{a}$

d'où finalement :

$$\theta_k = \sqrt{2\left(1 - \frac{\delta_k}{a}\right)}. \tag{4}$$

β) Rayon $r_k = $ OM du $k$ième anneau brillant

De l'égalité (3) on a :

$$\delta_k = \delta_0 - k\lambda.$$

D'après l'égalité (2) on a :

$$\delta_0 = a.$$

La relation (4) devient :

$$\theta_k = \sqrt{2\left[1 - \frac{a - k\lambda}{a}\right]}$$

soit :

$$\theta_k = \sqrt{2\left[1 - 1 + \frac{k\lambda}{a}\right]}$$

d'où :

$$\theta_k = \sqrt{\frac{2k\lambda}{a}}. \quad (5)$$

Or $\tan\theta_k = \dfrac{r_k}{D}$ (6) (d'après la figure du **3)b)**).

Comme l'angle θ_k est petit on a $\tan\theta_k \approx \theta_k$ (7) (θ_k en radian).

Soit en utilisant les relations (5), (6) et (7) on a :

$$\theta_k = \frac{r_k}{D} = \sqrt{\frac{2k\lambda}{a}}$$

d'où :

$$\boldsymbol{r_k = D\sqrt{\frac{2k\lambda}{a}}.} \qquad (8)$$

γ) Relation entre les rayons r_k et r_1

$$r_1 = D\sqrt{\frac{2\lambda}{a}} \quad (9) \quad \text{(on pose } k = 1)$$

l'égalité (8) devient :

$$\boldsymbol{r_k = \sqrt{k} \cdot r_1.} \qquad (10)$$

e) *Étude des anneaux sombres*

α) Différence de marche δ'_1 pour le 1er anneau d'interférences destructives

δ'_1 est différent de $\dfrac{\lambda}{2}$ par rapport à δ_0.

Comme la différence de marche diminue quand on s'éloigne de 0 on a :

$$\delta_0 - \delta'_1 = \frac{\lambda}{2}$$

soit :

$$\boldsymbol{\delta'_1 = \delta_0 - \frac{\lambda}{2}.}$$

β) Différence de marche δ'_k pour le $k$ième anneau d'interférences destructives

Par le même raisonnement que précédemment on a :

$$\delta_0 - \delta'_k = \frac{\lambda}{2} + (k - 1)\lambda$$

soit :

$$\boldsymbol{\delta'_k = \delta_0 - k\lambda + \frac{\lambda}{2}.} \qquad (11)$$

γ) Rayon r_k' du $k^{\text{ième}}$ anneau d'interférences destructives

D'après la relation (4), on a, en remplaçant θ_k par θ_k' et δ_k par δ_k' :

$$\theta_k' = \sqrt{2\left(1 - \frac{\delta_k'}{a}\right)}.$$

D'après l'égalité (11) on obtient :

$$\theta_k' = \sqrt{2\left[1 - \left(\frac{\delta_0 - k\lambda + \frac{\lambda}{2}}{a}\right)\right]}.$$

Sachant que $\delta_0 = a$ on a :

$$\theta_k' = \sqrt{2\left(1 - 1 + \frac{k\lambda}{a} - \frac{\lambda}{2a}\right)}$$

soit : $\qquad \theta_k' = \sqrt{2\frac{\lambda}{a}\left(k - \frac{1}{2}\right)}$

Avec le même raisonnement utilisé pour θ_k au 3) α) β) on a :

$$\theta_k' = \frac{r_k'}{D} = \sqrt{\frac{2\lambda}{a}\left(k - \frac{1}{2}\right)}$$

d'où : $\qquad r_k' = D\sqrt{\frac{2\lambda}{a}\left(k - \frac{1}{2}\right)} \quad (12)$

γ) *Relation entre r_k' et r_1*

En comparant les égalités (9) et (12) on obtient :

$$r_k' = \sqrt{k - \frac{1}{2}} \cdot r_1.$$

f) *Figure de l'écran*

• Rayons des 4 premiers anneaux brillants :

$$r_1 = 1,20 \cdot \sqrt{\frac{2 \times 0,546 \cdot 10^{-6}}{1,400 \cdot 10^{-3}}} = 3,35 \text{ cm}$$

$r_2 = \sqrt{2} \cdot r_1 = 4,74 \text{ cm}$

$r_3 = \sqrt{3} \cdot r_1 = 5,80 \text{ cm}$

$r_4 = \sqrt{4} \cdot r_1 = 6,70 \text{ cm}$

• Rayons des 4 premiers anneaux sombres :

$r_1' = \sqrt{0,5} \cdot r_1 = 2,37 \text{ cm}$

$r_2' = \sqrt{1,5} \cdot r_1 = 4,10 \text{ cm}$

$r_3' = \sqrt{2,5} \cdot r_1 = 5,30 \text{ cm}$

$r_4' = \sqrt{3,5} \cdot r_1 = 6,23 \text{ cm}$

d'où l'aspect de la figure d'interférences observées sur l'écran à l'échelle 1 :1.

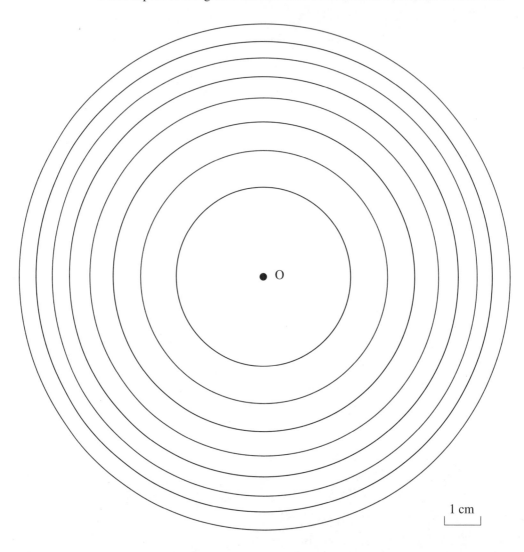

en rouge : anneaux d'interférences constructives : anneaux brillants.
en noir : anneaux d'interférences destructives : anneaux sombres.

30. INTERFÉROMÉTRIE STELLAIRE

1 Étude du dispositif interférentiel

1) Différence de marche δ relative à l'étoile E

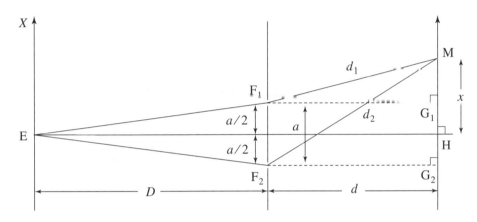

On a $d \gg a$ et x et $D \gg a$ et x.

Par définition

$$\delta = (EF_2 + F_2M) - (EF_1 + F_1M).$$

Comme $EF_2 = EF_1$ (par construction) il en résulte :

$$\delta = F_2M - F_1M = d_2 - d_1$$

Considérons le triangle rectangle F_1G_1M :

on a : $\qquad\qquad\qquad\qquad d_1^2 = d^2 + \left(x - \dfrac{a}{2}\right)^2.$ (1)

De même en considérant le triangle rectangle F_2G_2M :

on a : $\qquad\qquad\qquad\qquad d_2^2 = d^2 + \left(x + \dfrac{a}{2}\right)^2.$ (2)

De (1) on a : $d_1^2 = d^2 \left[1 + \dfrac{\left(x - \dfrac{a}{2}\right)^2}{d^2} \right].$

De (2) on a : $d_2^2 = d^2 \left[1 + \dfrac{\left(x + \dfrac{a}{2}\right)^2}{d^2} \right].$

On en déduit :

$$d_1 = d \left[1 + \frac{\left(x - \dfrac{a}{2}\right)^2}{d^2} \right]^{\frac{1}{2}} \quad \text{et} \quad d_2 = d \left[1 + \frac{\left(x + \dfrac{a}{2}\right)^2}{d^2} \right]^{\frac{1}{2}}.$$

Comme $\dfrac{x - \dfrac{a}{2}}{d} \ll 1$ et $\dfrac{x + \dfrac{a}{2}}{d} \ll 1$, sachant que $(1 + \varepsilon)^n = 1 + n\varepsilon$ si $\varepsilon \ll 1$

on a $d_1 = d\left[1 + \dfrac{\left(x - \dfrac{a}{2}\right)^2}{2d^2}\right]$ et $d_2 = d\left[1 + \dfrac{\left(x + \dfrac{a}{2}\right)^2}{2d^2}\right]$

d'où en développant :

$$d_1 = d\left[1 + \dfrac{x^2 - ax + \dfrac{a^2}{4}}{2d^2}\right] \qquad d_2 = d\left[1 + \dfrac{x^2 + ax + \dfrac{a^2}{4}}{2d^2}\right]$$

Il en résulte :

$$\delta = d_2 - d_1 = \dfrac{ax}{d}. \quad (3)$$

2) Ondes en phase en M

2 ondes correspondantes, issues d'un même point source se retrouvent en phase en M si la différence de marche δ entre ces 2 ondes est égale à un multiple entier de longueur d'onde, soit

$$d = p\,l \qquad \text{avec } p \text{ entier.}$$

---

2 Mesure d'une distance angulaire

1) Différence de marche δ' relative à l'étoile E′

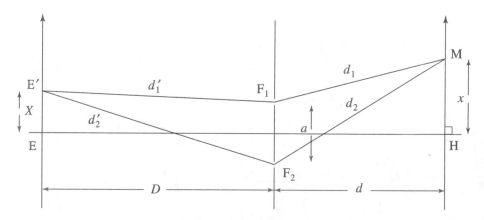

On a : $d \gg a$ et x et $D \gg a$ et X

$\delta' = (E'F_2 + F_2M) - (E'F_1 + F_1M)$

soit : $\delta' = (E'F_2 - E'F_1) - (F_2M - F_1M)$

d'où : $\delta' = \delta'' + \delta$

avec : $\delta'' = E'F_2 - E'F_1$.

On détermine δ'' en fonction de a, X et D comme on a déterminé δ en fonction de a, x, d (X jouant le rôle de x et D le rôle de d)

d'où : $\delta'' = \dfrac{aX}{D}$

il en résulte : $\delta' = \dfrac{aX}{D} + \dfrac{ax}{d}$.

Pour que les 2 rayons issus de E' soient en phase en M il faut que δ' soit égale à un nombre entier de longueur d'onde

soit : $\delta' = q\lambda$ avec q entier.

2) Détermination de la distance angulaire β entre les 2 étoiles

La disparition, c'est-à-dire le brouillage, des franges d'interférences a lieu quand il y a un écart d'une demi-longueur d'onde (modulo un nombre entier de longueur d'onde) entre les différences de marche des 2 systèmes de franges au même point sur l'écran.

Soit : $\delta' - \delta = \dfrac{\lambda}{2} + k\lambda$ (avec k entier)

d'où : $\dfrac{aX}{D} = \dfrac{\lambda}{2} + k\lambda$.

La plus petite valeur de a : a_1 pour laquelle a lieu cette disparition correspond à $k = 0$

d'où : $\dfrac{a_1 X}{D} = \dfrac{\lambda}{2}$.

Comme $\beta = \dfrac{X}{D}$, il en résulte :

$$\beta = \frac{\lambda}{2a_1}.$$

Application numérique : $\lambda = 0{,}546 \cdot 10^{-6}$ m $a_1 = 1{,}95$ m

$$\beta = 1{,}40 \cdot 10^{-7} \text{ rad} = 0{,}029''$$

($1'' = 4{,}85 \cdot 10^{-6}$ rad   soit 1 rad $= 2{,}06 \cdot 10^{5}{}''$).

---

3 Mesure du diamètre apparent d'une étoile

1) Cohérence des ondes émises par une étoile considérée comme non ponctuelle

Les différents points de l'étoile émettent des ondes indépendantes les unes des autres : aucune relation de cohérence n'existe entre elles : **les ondes émises par les différents points de l'étoile sont incohérentes entre elles.**

2) Principe de la mesure du diamètre apparent

Avec le modèle proposé on a pour l'étoile e de diamètre Δ : (Δ joue le rôle de X dans le **2)**).

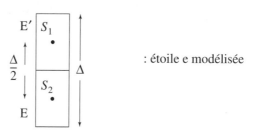

: étoile e modélisée

Pour connaître le diamètre apparent α de l'étoile e, il suffit de mesurer la distance angulaire β entre les 2 sources symétriques S_1 et S_2 distantes de $\dfrac{\Delta}{2}$ (Δ : diamètre de l'étoile).

Soit a_2 la valeur minimale de a pour laquelle on a brouillage des franges d'interférences provenant des 2 sources.

D'après le résultat obtenu au **2. 2)** cela implique :

$$\beta = \frac{\lambda}{2a_2}.$$

Comme le diamètre apparent $\alpha = \dfrac{\Delta}{D}$ est le double de la distance angulaire $\beta = \dfrac{\Delta}{2D}$, on a

$$\alpha = \frac{\lambda}{a_2}.$$

3) Valeur du plus petit diamètre apparent mesurable par ce dispositif

α_{mini} correspond à a_2 maximum

d'où : $\alpha_{mini} = \dfrac{\lambda}{a_{max}}.$

Application numérique : $\lambda = 0,546 \cdot 10^{-6}$ m $a_{max} = 6,0$ m

$$\alpha_{mini} = 9,1 \cdot 10^{-8} \text{ rad} = 0,019''.$$

31. SPECTRE DES ÉNERGIES DE ROTATION D'UNE MOLÉCULE

1) Homogénéité de la relation (1)

• L'énergie cinétique E_K peut aussi s'exprimer sous la forme $E_K = \dfrac{1}{2} mv^2$.

En utilisant la notation $[X]$: « dimension » de X on a : $[E_K] = [m] \cdot [v]^2$.
Or $[m] = M$: masse
       $[v] = L \cdot T^{-1}$ vitesse : distance divisée par durée
d'où : $[E_K] = M \cdot L^2 \cdot T^{-2}$.

• La constante de Planck h s'exprime en J.s.
L'énergie cinétique qui s'exprime en J (Joule) a pour dimension : $[E_K] = M \cdot L^2 \cdot T^{-2}$
d'où : $[h] = M \cdot L^2 T^{-2} \cdot T = M \cdot L^2 T^{-1}$
il en résulte : $[h]^2 = M^2 L^4 T^{-2}$.

• Le moment d'inertie $I_{(\Delta)}$ a pour expression

$$I_{(\Delta)} = \frac{m_a m_0}{m_c + m_0} d^2$$

le rapport $\dfrac{m_C \cdot m_0}{m_C + m_0}$ a pour dimension une masse M
la distance d^2 a pour dimension : L^2 (carré d'une longueur) d'où $[I_{(\Delta)}] = M \cdot L^2$.

• J, $J + 1$, 8 et π^2 n'ont pas de dimension il en résulte que la dimension de l'expression
$\dfrac{h^2}{8\pi^2} \cdot \dfrac{1}{I_{(\Delta)}} \cdot J(J + 1)$ vaut $\dfrac{M^2 \cdot L^4 \cdot T^{-2}}{M \cdot L^2} = ML^2T^{-2}$.

On retrouve bien la dimension de l'énergie cinétique. La relation (1) est bien homogène.

2) Énergie « quantifiée »

L'énergie cinétique de rotation de cette molécule ne prend, dans le modèle « quantique » utilisé que des valeurs bien déterminées (on dit aussi des valeurs « discrètes ») : cette énergie est donc quantifiée.

3) Valeur numérique du moment d'inertie $I_{(\Delta)}$

$$I_{(\Delta)} = \mu\, d^2 = \frac{m_0 \cdot m_C}{m_0 + m_C} d^2 \quad \text{avec } m_0 = \frac{M_0}{\mathcal{N}} \text{ et } m_C = \frac{M_C}{\mathcal{N}}$$

(ne pas confondre la masse d'un atome avec sa masse molaire atomique !)

d'où $I_{(\Delta)} = \dfrac{M_0 \cdot M_C \cdot d^2}{(M_0 + M_C)\mathcal{N}}$.

Application numérique : $I_{(\Delta)} = \dfrac{(16 \cdot 10^{-3})(12 \cdot 10^{-3}) \cdot (123 \cdot 10^{-12})^2}{(16 + 12) \cdot 10^{-3} \cdot 6{,}02 \cdot 10^{23}}$

(pensez à exprimer les masses en kg et se rappeler que 1 pm = 10^{-12} m)

$$I_{(\Delta)} = 1{,}72 \cdot 10^{-46} \text{ kg} \cdot \text{m}^2.$$

4) Fréquence υ_{10} et longueur d'onde λ_{10} de la radiation émise quand la molécule passe de l'état de rotation $J = 1$ à l'état de rotation fondamental $J = 0$

Pour $J = 1$, (1er niveau excité), l'énergie cinétique de rotation de cette molécule vaut :

$$E_{K_1} = \frac{h^2 1(1+1)}{8\pi^2 \cdot I_{(\Delta)}} = \frac{h^2}{4\pi^2 \cdot I_{(\Delta)}}.$$

Pour $J = 0$ (niveau fondamental), l'énergie cinétique est nulle :

$$E_{K_0} = 0$$

L'énergie du photon émis vaut donc :

$$E = E_{K_1} - E_{K_0} = \frac{h^2}{4\pi^2 I_{(\Delta)}}.$$

Comme $E = h\upsilon_{10}$ et $\lambda_0 = \dfrac{c}{\upsilon_{10}}$ il en résulte :

$$\upsilon_{10} = \frac{h}{4\pi^2 I_{(\Delta)}} \quad \text{et :} \quad \lambda_{10} = \frac{c}{\upsilon_{10}} = \frac{4\pi^2 c \cdot I_{(\Delta)}}{h}$$

Application numérique :

$$\upsilon_{10} = \frac{6{,}62 \cdot 10^{-34}}{4 \cdot \pi^2 \cdot 1{,}72 \cdot 10^{-46}} = \mathbf{9{,}73 \cdot 10^{10} \ Hz.}$$

$$\lambda_{10} = \frac{3 \cdot 10^8}{9{,}73 \cdot 10^{10}} = \mathbf{3{,}08 \cdot 10^{-3} \ m.}$$

5) Différence d'énergie entre niveaux consécutifs

• Énergie du niveau J :

$$E_{K(J)} = \frac{h^2 J(J+1)}{8\pi^2 I_{(\Delta)}}.$$

• Énergie du niveau $J + 1$:

$$E_{K(J+1)} = \frac{h^2(J+1)(J+2)}{8\pi^2 I_{(\Delta)}}.$$

D'où la différence d'énergie ΔE_J entre ces 2 niveaux d'énergie :

$$\Delta E_J = \frac{h^2(J+1)}{8\pi^2 I_{(\Delta)}}[J+2-J]$$

soit : $\quad \Delta E_J = \dfrac{h^2(J+1)}{4\pi^2 I_{(\Delta)}}.$

Les niveaux d'énergie ne sont pas équidistants. Les différences d'énergie entre 2 niveaux d'énergie consécutifs croissent suivant une progression arithmétique de raison

$$\frac{h^2}{4\pi^2 I_{(\Delta)}} = 6{,}45 \cdot 10^{-23} \ J = 4{,}03 \ meV.$$

6) Diagramme des niveaux d'énergie de rotation de la molécule de monoxyde de carbone

De la relation (1) on a :

$J = 0 \quad E_{K_0} = 0$

$J = 1$ $E_{K_1} = 6,45 \cdot 10^{-23}$ J $= 0,403$ meV

$J = 2$ $E_{K_2} = 1,94 \cdot 10^{-22}$ J $= 1,21$ meV

$J = 3$ $E_{K_3} = 3,87 \cdot 10^{-22}$ J $= 2,42$ meV

$J = 4$ $E_{K_4} = 6,45 \cdot 10^{-22}$ J $= 4,03$ meV

$J = 5$ $E_{K_5} = 9,68 \cdot 10^{-22}$ J $= 6,05$ meV.

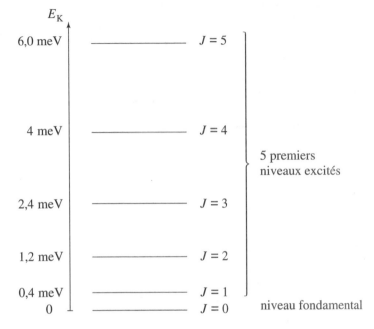

7) Domaine des radiations émises lors de la désexcitation de cette molécule

La radiation émise ayant la plus grande longueur d'onde, donc qui correspond à la plus petite fréquence, donc à la plus petite énergie cédée, correspond au passage du niveau $J = 1$ au niveau $J = 0$.

On a calculé λ_{10} au 4) on a :

$$\lambda_{10} = 3,08 \cdot 10^{-3} \text{ m.}$$

La radiation émise ayant la plus petite longueur d'onde, donc qui correspond à la plus grande fréquence, donc à la plus grande énergie cédée correspond au passage du niveau $J = 5$ au niveau $J = 0$.

$$E_{K_{J=5}} - E_{K_{J=0}} = h\upsilon_{50} = \frac{hc}{\lambda_{50}}$$

d'où $\dfrac{hc}{\lambda_{50}} = \dfrac{h^2}{8\pi^2 I_{(\Delta)}}[5 \times 6 - 10] = \dfrac{15h^2}{4\pi^2 I_{(\Delta)}}$

soit $\lambda_{50} = \dfrac{4\pi^2 I_{(\Delta)}}{15\,h} = \dfrac{\lambda_{10}}{15}$ d'où : $\boldsymbol{\lambda_{50} = 2,05 \cdot 10^{-4} \text{ m.}}$

Les longueurs d'onde des radiations émises varient de 2 dixièmes de mm à 3 mm.

Ces radiations appartiennent au domaine de l'infrarouge lointain (ondes millimétriques).

TABLE DES MATIÈRES

N° Éditeur : 100 67815 - (I) (6) - OSBB 80 - Dépôt légal : Septembre 1999
Imprimé en France par I.M.E. - 25110 Baume-les-Dames